Sammlung

Aufserdeutscher Strafgesetzbücher

in deutscher Übersetzung.

Herausgegeben von den Schriftleitungen

der

Zeitschrift für die gesamte Strafrechtswissenschaft

und der

Mitteilungen der Internationalen Kriminalistischen Vereinigung.

XXVI.

Spanisches Strafgesetzbuch

übersetzt von

Alfredo Hartwig, Berlin-Südende.

BERLIN 1909.

J. Guttentag, Verlagsbuchhandlung,

G. m. b. H.

Spanisches Strafgesetzbuch.

Vom 17. Juni 1870.

Übersetzt von

Alfredo Hartwig,
Berlin-Südende.

BERLIN 1909.
J. Guttentag, Verlagsbuchhandlung,
G. m. b. H.

Inhaltsverzeichnis.

Vierter Titel.

Fälschungen.

Fünfter Titel.

Verstöße gegen die Gesetze über Beerdigungen, Grabschändung und Verbrechen gegen die öffentliche Gesundheit.

Sechster Titel.

Siebenter Titel.

Verbrechen öffentlicher Beamter bei Ausübung ihrer Befugnisse.

Achter Titel.

Verbrechen gegen Personen.

Neunter Titel.

Verbrechen gegen die Ehrenhaftigkeit.

Zehnter Titel.

Seite

Verbrechen gegen die Ehre.

Elfter Titel.

Verbrechen gegen den Personenstand.

Zwölfter Titel.

Verbrechen gegen die persönliche Freiheit und Sicherheit.

Dreizehnter Titel.

Verbrechen gegen das Eigentum.

Vierzehnter Titel.

Fünfzehnter Titel.

Drittes Buch.

Seite

Übertretungen und ihre Strafen.

Erster Titel.

Übertretungen der Presse sowie Übertretungen der öffentlichen Ordnung.

Zweiter Titel.

Dritter Titel.

Vierter Titel.

Fünfter Titel.

Einleitung.

Die Geschichte des spanischen Rechtes ist mehr wie die Rechtsgeschichte anderer Völker ein getreues Spiegelbild der politischen Entwicklung des Landes. Der hin und her schwankende Kampf im Innern des Landes zwischen Heidentum und Arianismus, Arianismus und Katholizismus, Königtum und römischer Kurie, die Rivalität zwischen den einzelnen Ständen, sowie die Verschiedenheit der Völkerstämme, welche nach einander oder zu gleicher Zeit einen bestimmenden Einfluß auf den Gang der Ereignisse ausübten, haben auch einen beständigen Wechsel in den grundlegenden Rechtsanschauungen zur Folge gehabt. Die Geschichte Spaniens ist das Schicksal seiner Rechtsgeschichte gewesen, deren Verlauf speziell hinsichtlich des Strafrechtes bis zur Einführung des vorliegenden Gesetzbuches in kurzen Zügen folgendermaßen sich gestaltet hat.

Von den Urbewohnern Spaniens, den Celtiberern, sind auf unsere Tage nur wenige Rechtsgebräuche gekommen, welche römische und griechische Schriftsteller uns überliefert haben. Erst die Okkupationszeit der Griechen hat einige Gesetze hinterlassen, welche von den später nachfolgenden Römern übernommen wurden und auf diese Weise vollständig überliefert worden sind; besonders die zwei Gesetze de jactu und de pecunia trajecticia, welche sich auf das Seehandelsrecht beziehen. Zur Römerzeit galt römisches Recht; als aber die Goten ursprünglich als Bundesgenossen der Römer in Spanien eindrangen und die römische Herrschaft allmählich verdrängt hatten, schwand auch die Geltung des römischen Rechtes und die Gewohnheitsrechte der germanischen Völkerschaften traten an ihre Stelle. Die Goten selbst hatten bis auf König Eurich keine geschriebenen Gesetze; ihre als solche dienenden Sitten und Gebräuche, die sich als Traditionen vom Vater auf den Sohn vererbten, hatten allmählich die Geltung von Gesetzen erlangt. König Eurich war nun, wie Isidor in seiner Historia Wisigothorum bezeugt, der erste, welcher geschriebene Gesetze herausgab. „Sub hoc rege Gothi legum statuta in scriptis habere coeperunt, nam antea tantum moribus et consuetudine tenebantur.“ Verschiedene seiner Nachfolger setzten das von ihm begonnene Werk fort, bis unter König Egica auf dem

XVI. Konzil von Toledo die lex Wisigothorum als geschlossenes Ganzes herausgegeben wurde; doch erst Ferdinand der Heilige ließ es ins Kastilianische übersetzen und gab ihm den Namen „Fuero Juzgo“. Dieses Gesetzbuch hat das große Verdienst, in seinen Anordnungen den persönlichen gotischen Charakter aufzugeben und den Anschauungen des geeinigten Volkes Rechnung zu tragen. Das Gesetz kennt keinen Unterschied mehr zwischen freien Goten und freien Spaniern, sondern unterwirft alle Rassen und Völkerstämme des Reiches dem gleichen Gesetz. „Das Gesetz beherrscht den Staatsbürger.“

Der Sturz der westgotischen Monarchie wurde auch verhängnisvoll für die Rechtseinheit, welche der Fuero Juzgo geschaffen hatte. Die Entstehung kleiner Königreiche und das jeweilige Vorherrschen einer Völkerschaft bringen die Bildung einer großen Anzahl lokaler Gesetze „Fueros“ mit sich, obwohl nominell der Fuero Juzgo seine Geltung nie verloren hatte. Erst Alfons X., dem Weisen, gelang es, nachdem sein Vater Ferdinand III. die Grundlagen für ein politisches Einheitsreich wieder geschaffen hatte, auch wieder Ordnung in die verwilderten Rechtszustände zu bringen und dem Lande 1255 ein einheitliches Gesetzbuch, den „Fuero Real“, zu geben. Dieser Fuero war aber nur die vorbereitende Grundlage für sein großes Lebenswerk, die „Siete Partidas“ (1256–65), welche als erstes rein spanisches Gesetzbuch angesprochen werden können. Da aber der Fuero Juzgo offiziell seine Gültigkeit noch nicht verloren hatte und doch außerdem wieder eine Reihe von partikularen Gesetzen aufkam, so dauerte die Zersplitterung im Rechte auch weiter, bis Philipp II. 1567 einen erneuten Versuch unternahm, um diesem Zustande ein Ende zu machen durch Herausgabe der „Nueva Recopilacion“. Durchgreifend war diese Arbeit aber auch nicht; sie vermehrte nur die große Zahl der Gesetzbücher um eine neue und trug durch ihr Erscheinen zur weiteren Verwirrung bei.

Karl der IV. gab nun dem Lande durch königliches Dekret vom 2. Juni 1805 eine neue Gesetzessammlung, welche unter dem Titel „Novísima Recopilacion“ im Grunde genommen nur ein trauriges Konglomerat veralteter und unzeitgemäßer Gesetze war, welche weit eher einen Rückschritt wie einen Fortschritt bedeuteten. Diese unselige Gesetzgebung war bis 1848 in Geltung. Bereits gleich nach dem Erscheinen sah man die Unzweckmäßigkeit der Sammlung ein und am 9. Juli 1822 erschien ein Strafgesetzbuch, welches jedoch nach 15 Monaten wieder beseitigt wurde. Im Jahre 1848 erschien endlich ein Strafgesetzbuch, welches dem chaotischen Zustande ein Ende machte und die große Anzahl der neben einander offiziell oder inoffiziell geltenden Gesetzessammlungen oder einzelnen Verordnungen aufser Kraft setzte. Das neue Strafgesetzbuch griff in seinen grundlegenden Ideen nicht mehr in dem Umfange wie bisher auf die Rechtsanschauungen vergangener Jahrhunderte zurück, sondern zeigte das ehrliche Bestreben, dem Geiste der neueren Zeit gerecht zu werden. Es ist das erste Strafgesetzbuch der spanischen Monarchie, welches gegenüber dem Fuero Juzgo Vorzüge aufweist oder sich ihm würdig zur Seite stellt. Grundlegend waren wie bei allen Kodifikationen der damaligen Zeit der moderne Geist und die freiheitlichen Ideen, welche der Code Napoléon in die Rechtsanschauungen des neunzehnten Jahrhunderts hineingetragen hatte und die Strafgesetzgebungen von Neapel 1819 und Brasilien 1830.

Die spanische Regierung sah aber sehr wohl ein, dafs sie auf dem nun einmal betretenen Wege nicht stehen bleiben dürfte, und daß dem guten Anfange auch eine stetig weiterstrebende Fortbildung und Verbesserung sich anschließen müßte. Die namhaftesten Rechtsgelehrten der nächsten Jahre wurden dazu berufen, das begonnene Werk weiter zu fördern. Das vorliegende Strafgesetzbuch vom 17. Juni 1870 ist das Ergebnis dieser Arbeiten und bildet eine weitere Stufe der Fortentwicklung. Seit 1870 haben den Cortes mehrfache Projekte vorgelegen, das Strafgesetzbuch zu verbessern und zu vereinfachen; doch ist man bis heute noch zu keiner Entscheidung gelangt.

Strafgesetzbuch.

Erstes Buch.

Allgemeine Vorschriften über Verbrechen und Übertretungen, strafrechtlich verantwortliche Personen und Strafen.

Erster Titel.

Verbrechen und Übertretungen, sowie Umstände, welche die strafrechtliche Verantwortlichkeit ausschließen, mildern oder erschweren.

Erstes Kapitel.

Verbrechen und Übertretungen.

Art. 1. Verbrechen oder Übertretungen sind vorsätzliche Handlungen oder Unterlassungen, welche durch das Gesetz bestraft werden.

Handlungen oder Unterlassungen, welche durch das Gesetz bestraft werden, sind stets als vorsätzliche anzusehen, falls nicht das Gegenteil feststeht.

Wer vorsätzlich ein Verbrechen oder eine Übertretung begeht, wird dafür strafrechtlich zur Verantwortung gezogen, auch wenn der tatsächliche Erfolg (mal ejecutado) dem beabsichtigten Erfolg nicht entspricht.

Art. 2. Falls ein Gerichtshof Kenntnis von einer Tat erlangt hat, welche eine gerichtliche Ahndung zwar wünschenswert erscheinen läßt, deren Bestrafung jedoch im Gesetz nicht vorgesehen ist, soll das Gericht sich jeder prozeßrechtlichen Handlung hierbei enthalten; der Regierung dagegen die Gründe klarlegen, welche eine strafrechtliche Sühne als wünschenswert erscheinen lassen.

Ebenso ist die Regierung davon in Kenntnis zu setzen, falls die strikte Anwendung der strafrechtlichen Bestimmungen (la rigurosa aplicacion de las disposiciones del codigo) die Strafe im Verhältnis zur verbrecherischen Gesinnung (malicia) oder dem durch das Delikt verursachten Schaden als wesentlich zu hoch erscheinen läßt.

Art. 3. Strafbar ist nicht nur das vollendete Verbrechen, sondern auch das fehlgeschlagene und der Versuch.

Ein fehlgeschlagenes Verbrechen liegt vor, wenn der Schuldige alle diejenigen Handlungen betätigt, deren Erfolg das Verbrechen sein müßte; dieses jedoch nicht zur Folge haben aus Gründen, welche unabhängig vom Willen des Handelnden sind.

Versuch liegt vor, wenn der Schuldige die Ausführung des Verbrechens durch äußerlich ersichtliche Handlungen beginnt, jedoch nicht alle Ausführungshandlungen, deren Erfolg das Verbrechen sein würde, betätigt aus Gründen oder Zufällen, welche nicht die Folge eigenen oder freiwilligen Abstehens von der verbrecherischen Tat sind.

Art. 4. Verabredung oder Aufforderung zur Begehung eines Verbrechens sind nur dann strafbar, wenn das Gesetz sie ausdrücklich mit Strafe bedroht.

Verabredung (conspiracion) liegt vor, wenn zwei oder mehr Personen sich über die Verübung eines Verbrechens einigen und die Ausführung beschließen.

Aufforderung (proposicion) liegt vor, wenn derjenige, welcher die Begehung eines Verbrechens beschlossen hat, die Ausführung einer oder mehreren andern Personen vorschlägt.

Art. 5. Übertretungen werden nur bestraft, wenn sie vollendet sind.

Ausgenommen sind fehlgeschlagene Übertretungen gegen Personen oder Eigentum.

Art. 6. Als schwere Verbrechen werden diejenigen angesehen, welche mit Strafen belegt sind, die in irgend einem ihrer Maße „ehrenrührige“ (aflictivas) sind.

Weniger schwere Verbrechen sind diejenigen, welche das Gesetz mit Strafen bedroht, die in ihrem Höchstmaße „Besserungsstrafen“ (correccionales) sind.

Übertretungen sind diejenigen Verstöße (infracciones), für welche das Gesetz nur leichte Strafen in Anwendung bringt.

Art. 7. Den Verfügungen dieses Strafgesetzbuches sind nicht diejenigen Verbrechen unterworfen, welche durch Spezialgesetze bestraft werden.

Zweites Kapitel.

Umstände, welche die strafrechtliche Verantwortlichkeit ausschließen.

Art. 8. Es begehen kein Verbrechen und sind daher von der strafrechtlichen Verantwortlichkeit ausgeschlossen:

1. Der Blödsinnige (imbécil) oder Geisteskranke (loco), falls letzterer nicht in einem klaren Augenblicke (intérvale de razon) gehandelt hat.

Wenn der Blödsinnige oder Geisteskranke eine Tat begangen hat, welche das Gesetz als schweres Verbrechen ansieht, hat der Gerichtshof die Überführung in eines der Hospitäler anzuordnen, welche für derartige Kranke bestimmt sind; diese Anstalt kann der Kranke nur nach vorheriger Ermächtigung desselben Tribunals wieder verlassen.

Sieht das Gesetz die Tat des Blödsinnigen oder Geisteskranken als weniger schweres Verbrechen an, so soll das Gericht, je nach den näheren Umständen der Tat, entweder die Vorschriften des vorigen Absatzes in Anwendung bringen, oder den Blödsinnigen resp. Geisteskranken der Obhut seiner Familie anvertrauen, falls diese die erforderlichen Sicherheiten bietet.

2. Wer das neunte Lebensjahr noch nicht erreicht hat.

3. Wer das neunte Lebensjahr vollendet, das fünfzehnte aber noch nicht erreich hat, falls er nicht mit Einsicht und Überlegung (discernimiento) gehandelt hat.

Das Gericht hat über diesen Punkt eine ausdrückliche Erklärung abzugeben, um entweder eine Strafe zu verhängen oder die Nichtverantwortlichkeit auszusprechen.

Ist der Minderjährige in Anbetracht der Bestimmungen von Nr. 2 oder Nr. 3 für nichtverantwortlich erklärt worden, so ist er seiner Familie zu übergeben, welche mit seiner Beaufsichtigung und Erziehung beauftragt wird. Ist jedoch keine Person vorhanden, welche mit der Überwachung und Erziehung betraut werden kann, so hat Überweisung an eine der Wohltätigkeitsanstalten zu erfolgen, welche zur Erziehung von Waisen und Findelkindern bestimmt sind; diese Anstalt darf nur zu der Zeit und unter den Bedingungen verlassen werden, welche für die aufgenommenen Zöglinge vorgeschrieben sind.

4. Wer in Verteidigung seiner Person oder Rechte handelt, falls folgende näheren Umstände vorhanden sind:

a) Unberechtigter Angriff.
b) Vernunftgemäße Anwendung des Mittels, um den Angriff zu verhindern oder abzuweisen.
c) Keine hinreichende Herausforderung seitens des Verteidigers.

5. Wer in Verteidigung der Person oder Rechte seines Ehegatten handelt, seiner Ascendenten, Descendenten oder Geschwister, gleichgültig ob dieselben legitime, adoptierte oder natürliche sind; seiner Seitenverwandten in denselben Graden sowie seiner Blutsverwandten bis zum vierten bürgerlichen Grade, jedoch nur bei Vorhandensein der Bedingungen a und b der vorigen Nummer sowie der Voraussetzung, daß, falls von seiten des Angegriffenen eine Herausforderung vorangegangen ist, der Verteidiger hieran keinen Anteil genommen hat.

6. Wer in Verteidigung der Person oder Rechte eines Fremden handelt, falls die Bedingungen unter a und b der vorigen Nummer zutreffen sowie unter der Voraussetzung, daß der Verteidiger nicht durch das Gefühl der Rache, Abneigung oder sonstigen ungesetzlichen Grund geleitet wird.

7. Wer, um ein Übel zu verhüten, eine Tat begeht, welche an fremdem Eigentum Schaden verursacht, unter folgenden Bedingungen:

a) Tatsächliches Vorhandensein des Übels, umdessen Vermeidung es sich handelt.
b) Das Übel muß größer sein, wie der zur Vermeidung desselben angerichtete Schaden.
c) Nichtvorhandensein eines andern durchführbaren oder weniger schädlichen Mittels, um das Übel zu vermeiden.

8. Wer bei Ausführung einer erlaubten Handlungsweise und Anwendung der notwendigen Vorsicht durch einen Zufall ohne Schuld und ohne Absicht einen Schaden verursacht.

9. Wer durch eine unwiderstehliche Gewalt getrieben handelt.

10. Wer aus unüberwindlicher Furcht vor einem gleichen oder noch größeren Übel handelt.

11. Wer in Erfüllung einer Pflicht, in gesetzlicher Ausübung eines offiziellen Rechtes oder Amtes handelt.

12. Wer in Anbetracht schuldigen Gehorsams handelt.

13. Wer durch irgend einen gesetzmäßigen und unüberwindlichen Grund verhindert, eine Unterlassung begeht.

Drittes Kapitel.

Umstände, welche die strafrechtliche Verantwortlichkeit mildern.

Art. 9. Mildernde Umstände sind:

1. Die im vorigen Kapitel besprochenen Umstände, falls nicht alle Erfordernisse eintreffen, um die Verantwortlichkeit in den betreffenden Fällen auszuschalten.

2. Falls der Schuldige jünger als 18 Jahre ist.

3. Falls der Täter nicht die Absicht gehabt hat, ein so großes Übel zu verursachen, wie es tatsächlich von ihm herbeigeführt worden ist.

4. Falls von seiten des Angegriffenen unmittelbar eine angemessene Provokation oder Drohung vorhergegangen ist.

5. Falls die Tat als sofortige Vergeltung für eine schwere Beleidigung ausgeführt worden ist, welche an dem Täter des Verbrechens, seinem Ehegatten, legitimen, natürlichen oder adoptierten Ascendenten oder Descendenten oder Seitenverwandten in denselben Graden begangen wurde.

6. Falls die Tat im Zustande der Trunkenheit vollführt wurde, sofern dieselbe nicht gewohnheitsmäßig ist oder erst eintrat, als der Vorsatz zur Begehung des Deliktes schon gefaßt war.

Die Gerichte sollen in Ansehung der Personen und Ereignisse darüber entscheiden, ob die Trunkenheit als „gewohnheitsmäßige“ aufzufassen ist.

7. Falls auf so mächtige Anreizungen (estimulos) hin gehandelt worden ist, daß natürlicher Weise Verwirrung und Verblendung eingetreten ist (arrebato y obcecacion).

8. Falls endlich irgend wie andere Umstände vorhanden sind, welche den eben aufgezählten gleichwertig oder ähnlich sind.

Viertes Kapitel.

Umstände, welche die strafrechtliche Verantwortlichkeit erschweren.

Art. 10. Erschwerende Umstände sind:

1. Wenn der Angegriffene der Ehegatte, der legitime, natürliche oder adoptierte Ascendent, Descendent oder Bruder resp. Schwester ist, sowie Verschwägerte in den gleichen Graden zum Angreifer.

Die Gerichte sollen diesen Umstand je nach der Natur und den Wirkungen des Verbrechens zur Abschätzung als erschwerend oder mildernd in Betracht ziehen.

2. Falls die Tat mit Heimtücke (alevosía) ausgeführt ist.

„Heimtücke“ liegt vor, wenn der Schuldige irgend ein Verbrechen gegen Personen unter Anwendung von Mitteln, Arten und Weisen begeht, welche ausdrücklich und direkt darauf hinzielen, die Ausführung der Tat ohne Gefahr für die Person des Täters zu sichern, welche aus der Verteidigung, die der Angegriffene etwa unternehmen könnte, entstehen würde.

3. Wenn die Tat begangen wird um einen Preis, eine Belohnung oder ein Versprechen.

4. Wenn die Tat begangen wird mittels Brandstiftung, Überschwemmung, Vergiftung, Explosion, Scheitern lassen des Schiffes oder vorsätzlich verursachte Havarie, Zugentgleisung oder unter Benutzung irgend eines Mittels, welches geeignet ist, große Verheerungen hervorzurufen.

5. Wenn das Verbrechen durch Drucklegung, Lithographie, Photographie oder ein ähnliches, die Veröffentlichung erleichterndes Mittel begangen ist.

Die Gerichte sollen diesen Umstand je nach der Natur und den Wirkungen des Verbrechens zur Abschätzung als erschwerend oder mildernd in Betracht ziehen.

6. Wenn das Übel des Verbrechens überlegter Weise vergrößert wird, indem andre für seine Ausführung nicht notwendige Übel verursacht werden.

7. Wenn mit ersichtlicher Vorherüberlegung (premeditacion conocida) gehandelt wird.

8. Wenn List, Betrug oder Verkleidung angewendet werden.

9. Unter Mißbrauch der Überlegenheit oder Gebrauch eines Mittels, welches die Möglichkeit der Verteidigung abschwächt.

10. Unter Mißbrauch des Vertrauens.

11. Wenn der Schuldige den öffentlichen Amtscharakter geltend gemacht hat, den er etwa besitzt.

12. Wenn Mittel angewendet oder Umstände herbeigeführt werden, welche den eigentlichen Wirkungen der Tat die Schande hinzufügen.

13. Wenn die Tat bei Gelegenheit einer Feuersbrunst, Schiffbruchs oder einer andern Kalamität oder sonstiger Unfälle begangen wird.

14. Wenn die Tat ausgeführt wird mit Hilfe bewaffneter Mannschaft oder von Personen, welche die Straflosigkeit sichern oder verschaffen.

15. Wenn sie in der Nacht oder an einsamen Orten und in Bande ausgeführt wird.

16. Wenn die Tat unter Beleidigung oder Mißachtung der öffentlichen Behörde begangen ist.

17. Falls der Schuldige bereits früher einmal wegen eines Verbrechens bestraft ist, für welches das Gesetz eine gleiche oder höhere

Strafe bestimmt, oder wegen zweier oder mehrerer Verbrechen, für welche eine niedrigere Strafe festgesetzt ist.

18. Der Rückfall.

Rückfall liegt dann vor, wenn der Schuldige nach richterlicher Aburteilung wegen eines Verbrechens wieder in vollstreckbarer Weise wegen eines Verbrechens verurteilt wird, welches sich in dem nämlichen Titel dieses Gesetzbuches verzeichnet findet.

19. Wenn das Verbrechen an einem geweihten Orte, in den Palästen der Cortes oder des Staatsoberhauptes oder in dessen Gegenwart begangen wird, oder da, wo die öffentliche Behörde sich in Ausübung ihres Amtes befindet.

20. Wenn die Tat unter Verletzung oder Mißachtung des Respektes ausgeführt wird, welchen der Angegriffene wegen seiner Würde, Stellung, seines Alters oder Geschlechts verdient oder in seiner (des Angegriffenen) Wohnung, falls er den Vorgang nicht provoziert hat.

21. Wenn die Tat mittels Einsteigens ausgeführt wird.

„Einsteigen“ (escalamiento) liegt vor, wenn der Eintritt auf dem nicht hierfür bestimmten Wege verschafft wird.

22. Durch Einbrechen der Mauer, des Daches oder des Fußbodens oder unter Zertrümmern der Türen oder Fenster.

23. Wenn der Schuldige Landstreicher ist.

Als „Landstreicher“ (vago) wird derjenige angesehen, welcher kein Vermögen oder Einkommen besitzt, auch berufsmäßig kein Geschäft, kein Handwerk oder Beruf ausübt; kein Amt, Erwerb, Industrie oder erlaubte Beschäftigung hat, oder irgend ein anderes gesetzliches und bekanntes Unterhaltsmittel besitzt; auch wenn er verheiratet ist und festen Wohnsitz hat.

Zweiter Titel.

Die strafrechtlich verantwortlichen Personen bei Verbrechen und Übertretungen.

Erstes Kapitel.

Die strafrechtlich verantwortlichen Personen bei Verbrechen und Übertretungen.

Art. 11. Strafrechtlich verantwortlich für Verbrechen sind:

1. Die Urheber.
2. Die Gehilfen.
3. Die Begünstiger.

Strafrechtlich verantwortlich für Übertretungen sind:

1. Die Urheber.
2. Die Gehilfen.

Art. 12. Ausgenommen sind von den Vorschriften im vorigen Artikel diejenigen Verbrechen und Übertretungen, welche durch Drucklegung, Schriftsatz oder ein anderes mechanisches Verbreitungsmittel begangen werden. Bei derartigen Verbrechen werden nur die Urheber zur strafrechtlichen Verantwortlichkeit gezogen.

Art. 13. Urheber sind:

1. Diejenigen, welche direkt an der Ausführung der Tat teilnehmen.

2. Diejenigen, welche direkt andere zur Begehung zwingen oder verleiten.

3. Diejenigen, welche bei der Begehung der Tat durch Handlungen mitwirken, ohne welche dieselbe nicht zur Ausführung gekommen wäre.

Art. 14. Trotz der Vorschriften im vorigen Artikel sind als Urheber der im Art. 12 aufgezählten Verbrechen nur diejenigen zu betrachten, welche tatsächliche Urheber der veröffentlichten Schrift oder Druckwerkes sind. Sind diese nicht bekannt oder nicht in Spanien wohnhaft oder etwa von strafrechtlicher Verantwortlichkeit frei in Übereinstimmung mit Art. 8 dieses Gesetzbuches, so sollen als Urheber die Leiter der Publikation angesehen werden, welche ebenfalls in keinem der drei erwähnten Fälle sich befinden. In Ermangelung auch dieser sollen die Herausgeber als Urheber angesehen werden, die in Spanien bekannt sind, dort wohnen und nicht von strafrechtlicher Verantwortlichkeit frei sind gemäß dem eben angeführten Artikel; in Ermangelung dieser endlich die Drucker.

Als Drucker werden im Sinne dieses Artikels die Direktoren oder Chefs der Anstalt angesehen, in welcher der beanstandete Druck oder das Schriftwerk gedruckt, gezeichnet oder durch irgend ein anderes Mittel hergestellt ist.

Art. 15. Gehilfen sind diejenigen, welche im vorigen Artikel nicht mit einbegriffen an der Ausführung der Tat durch vorhergegangene oder gleichzeitige Handlungen mitwirken.

Art. 16. Begünstiger sind diejenigen, welche unter Kenntnis des Vorhabens eines Verbrechens, ohne selbst an der Tat als Urheber oder Gehilfen teilgenommen zu haben, nach der Ausführung auf irgend eine der folgenden Arten tätig werden:

1. Indem sie in eigener Person den Delinquenten helfen oder ihnen die Mittel erleichtern, damit sie sich die Früchte des Verbrechens zunutze machen.

2. Durch Verbergen oder Unbrauchbarmachung des corpus delicti (Objektes der Tat), der Gegenstände oder Instrumente des Verbrechens, um die Entdeckung zu verhindern.

3. Durch Verbergen, Verdecken oder Erleichterung der Flucht des Schuldigen, falls eine von folgenden Bedingungen eintrifft:

Erstens: Die Beihilfe unter Mißbrauch öffentlicher Amtshandlungen seitens des Begünstigers geschieht.

Zweitens: Der Delinquent des Verrates, Königsmordes, Verwandtenmordes oder einfachen Mordes schuldig ist oder als Gewohnheitsverbrecher eines anderen Verbrechens bekannt ist.

4. Das Familienoberhaupt, welches der richterlichen Behörde die Erlaubnis zum nächtlichen Eintritt in die Wohnung verweigert, um den dort sich aufhaltenden Schuldigen zu verhaften.

Art. 17. Ausgenommen von den Begünstigern auferlegten Strafen sind diejenigen, welche handeln für ihre Ehegatten, ihre legitimen, natürlichen oder adoptierten Ascendenten, Descendenten oder Geschwister, sowie ihrer Verschwägerten in denselben Graden; mit alleiniger Ausnahme derjenigen Begünstiger, welche unter Nr. 1 des vorigen Artikels aufgezählt werden.

Zweites Kapitel.

Die zivilrechtlich wegen ihrer Verbrechen und Übertretungen verantwortlichen Personen.

Art. 18. Jede Person, die strafrechtlich für ein Verbrechen oder eine Übertretung verantwortlich ist, ist es auch zivilrechtlich.

Art. 19. Die strafrechtliche Nichtverantwortlichkeit, welche in den Nummern 1, 2, 3, 7 und 10 des Artikels 8 behandelt wird, schließt jedoch die zivilrechtliche Nichtverantwortlichkeit nicht ein; letztere richtet sich vielmehr nach folgenden Regeln:

Erstens: In den Fällen 1, 2 und 3 sind zivilrechtlich für die Handlungen, welche ein Wahnsinniger oder Blödsinniger, oder ein Minderjähriger von neun Jahren oder eine Person begeht, welche zwar neun, aber noch jünger als fünfzehn Jahre ist und ohne Unterscheidungsvermögen gehandelt hat, diejenigen Personen verantwortlich, welche jene unter ihrer Gewalt oder gesetzlichen Aufsicht haben; ausgenommen in dem Falle, daß von ihrer Seite keinerlei Verschulden oder Nachlässigkeit vorliegt.

Ist jedoch niemand da, der die Schuldigen unter seiner Gewalt oder gesetzlichen Aufsicht hat, oder ist die mit der Bewachung betraute Person zahlungsunfähig, so haften die Wahnsinnigen, Blödsinnigen oder Minderjährigen selbst mit ihrem eigenen Vermögen; doch bleibt ihnen das beneficium competenciae in der vom Zivilgesetzbuche aufgestellten Form gewahrt.

Zweitens: Im Falle der Nummer 7 sind diejenigen Personen zivilrechtlich verantwortlich, zu deren Vorteil der angerichtete Schaden verursacht wurde, und zwar im Verhältnis zum Nutzen, welchen sie davon gehabt haben.

Die Gerichte sollen nach eigenem Gutdünken die Anteile, für welche jeder Interessierte haftbar zu machen ist, proportional feststellen.

Falls die Quoten ihrem Werte nach auch nicht durch annähernde Abschätzung festzustellen sind oder die Verantwortlichkeit auf den Staat oder den größeren Teil einer Bevölkerung fällt, sowie stets, wenn die Schädigung mit Zustimmung der Behörde oder ihrer Organe begangen ist, soll die Frage der Entschädigung in der Form geregelt werden, welche die Spezialgesetze und Verordnungen hierfür bestimmen.

Drittens: Im Falle der Nr. 10 sollen in erster Linie diejenigen haftbar gemacht werden, welche die Furchtvorstellungen und Einschüchterungen hervorgerufen haben, und erst dann subsidiär und, falls die ersteren nicht zu ermitteln sind, die Täter selbst; doch soll diesen wiederum das beneficium competenciae gewahrt bleiben.

Art. 20. Ebenfalls sind, in Ermangelung der strafrechtlich verantwortlichen Personen, die Hoteliers, Gastwirte sowie alle übrigen Personen und Unternehmer für diejenigen Verbrechen zivilrechtlich ersatzpflichtig, welche in den von ihnen geleiteten Etablissements begangen werden; doch nur unter der Voraussetzung, daß ihrerseits oder seitens ihrer Untergebenen ein Verstoß gegen die allgemeinen Bestimmungen oder besonderen polizeilichen Verfügungen vorliegt.

Subsidiär haftbar sind ferner die Gastwirte für die Rückerstattung derjenigen Sachen, welche ihren Gästen innerhalb des Gasthauses geraubt oder gestohlen sind; oder für die Ersatzpflicht, falls die Gäste vorher dem Wirte selbst oder seinem geschäftlichen Stellvertreter von der Aufbewahrung jener Gegenstände im Gasthause Mitteilung gemacht hatten und sie die Verhaltungsmaßregeln befolgt haben, welche besagte Wirte oder deren Stellvertreter ihnen für die Bewachung und Aufbewahrung der Effekten gegeben haben. Eine Ersatzpflicht tritt dagegen nicht ein, falls der Raub unter Gewalt und Einschüchterung gegen Personen stattgefunden hat; vorausgesetzt, daß derselbe nicht von den Bediensteten des Wirtes ausgeführt ist.

Art. 21. Die im vorigen Artikel ausgesprochene subsidiäre Haftpflicht wird auch auf diejenigen Herren, Meister, Personen und Unternehmer irgend eines Industriezweiges ausgedehnt, deren Schüler Diener, Beamte, Lehrlinge oder sonst in einem Abhängigkeitsverhältnisse stehenden Personen, sich irgendwelcher Verbrechen oder Übertretungen bei Ausübung ihres Dienstes oder beruflichen Verpflichtungen schuldig gemacht haben.

Dritter Titel.

Die Strafen.

Erstes Kapitel.

Die Strafen im allgemeinen.

Art. 22. Kein Verbrechen oder Übertretung soll mit andrer Strafe belegt werden, als der, welche ein Gesetz angibt, das vor Begehung der Tat gesetzmäfsig verkündet ist.

Art. 23. Rückwirkende Kraft haben die Strafgesetze, wenn dies zu Gunsten der eines Verbrechens oder einer Übertretung schuldigen Person geschieht; auch dann, wenn bei Veröffentlichung besagter Gesetze schon ein vollstreckbares Urteil gefällt war und der Verurteilte seine Strafe bereits angetreten hatte.

Art. 24. Verzeihung seitens der angegriffenen Partei hebt die Tatsache einer begangenen strafbaren Handlung nicht auf; ausgenommen, wenn es sich um Verbrechen handelt, deren gerichtliche Verfolgung nur auf vorherigen Antrag und mit Zustimmung des Geschädigten eintritt.

Die zivilrechtliche Verantwortlichkeit dagegen, soweit sie das Interesse des Geschädigten betrifft, erlischt durch ausdrücklichen Verzicht.

Art. 25. Nicht als Strafen werden betrachtet:

1. Die Verhaftung und Untersuchungshaft des Prozessierten.

2. Die Suspendierung von einem öffentlichen Amt oder Beruf, welche zur Einleitung oder während der Dauer des Prozesses angeordnet ist.

3. Die Geldstrafen, sowie die sonstigen Maßregelungen, welche die Vorgesetzten den ihnen dienstlich und amtlich Untergebenen in Ausübung der Disziplinargewalt oder Verwaltungsvollmacht auferlegen.

4. Die Entziehung von Rechten und die Verpflichtungen zum Schadensersatz, welche die Zivilgesetze als Strafen auferlegen.

Zweites Kapitel.

Klassifikation der Strafen.

Art. 26. Die Strafen, welche in Übereinstimmung mit diesem Gesetzbuch auferlegt werden können und ihre verschiedenen Abstufungen sind diejenigen, welche umfaßt folgende allgemeine

Strafenleiter:

Ehrenrührige Strafen.

Todesstrafe.
Lebenslängliche Kette (cadena).
Lebenslängliche Zwangsarbeit (reclusion).
Lebenslängliche Verbannung mit Zwangsaufenthalt (relegacion).
Lebenslängliche Verbannung ohne Zwangsaufenthalt (extrañamiento).
Zeitliche Kette.
Zeitliche Zwangsarbeit.
Zeitliche Verbannung mit Zwangsaufenthalt.
Zeitliche Verbannung ohne Zwangsaufenthalt.
Zuchthaus I. Grades (presidio mayor).
Gefängnis I. Grades (prision).
Verschickung (confinamiento).
Dauernde absolute Unfähigkeit.
Zeitliche absolute Unfähigkeit.

Dauernde spezielle Unfähigkeit
Zeitliche spezielle Unfähigkeit } für { ein bestimmtes öffentliches Amt, aktives sowie passives Wahlrecht, Beruf oder Stellung.

Besserungsstrafen.

Besserungs-Zuchthaus (presidio correccional).
Besserungs-Gefängnis (prision correccional).
Ortsverweisung (destierro).
Öffentlicher Verweis (represion pública).
Suspendierung von öffentlichem Amt, aktivem sowie passivem Wahlrecht, Beruf oder Stellung.
Arrest I.

Leichte Strafen.

Arrest II.
Privater Verweis.

Strafen, welche den drei vorigen Klassen gemeinsam sind.

Geldstrafe.
Kaution.

Zusatzstrafen.

Degradation.
Rechtsverlust (interdiccion civil.
Verlust oder Einziehung der Instrumente und Gegenstände des Verbrechens.
Tragung der Kosten.

Art. 27. Wenn die Geldstrafe als Hauptstrafe auferlegt wird, ist sie als „ehrenrührig“ anzusehen, wenn ihr Betrag 2500 Pesetas übersteigt; als „Besserungsstrafe“, wenn sie 2500 nicht übersteigt und nicht unter 125 bleibt und als „leichte“, wenn sie 125 nicht erreicht.

Art. 28. Die Strafen der Unfähigkeit und Suspendierung von öffentlichen Ämtern und Wahlrechten sind Zusatzstrafen in den Fällen, in denen das Gesetz, ohne sie besonders zu verhängen, anordnet, dafs andere Strafen sie mit sich bringen.

Die Prozefskosten werden gesetzmäfsig den wegen eines Verbrechens oder einer Übertretung strafrechtlich verantwortlichen Personen auferlegt.

Drittes Kapitel.

Dauer und Wirkungen der Strafen.

Erster Abschnitt.

Dauer der Strafen.

Art. 29. Die zu lebenslänglicher Kette, lebenslänglicher Zwangsarbeit oder Verbannung mit Zwangsaufenthalt, sowie Verbannung ohne Zwangsaufenthalt Verurteilten werden nach 30jähriger Strafverbüßung begnadigt, falls sie nicht nach Ansicht der Regierung wegen ihres Verhaltens oder anderer schwerwiegender Umstände des Strafnachlasses nicht würdig erscheinen.

Die Strafen: zeitliche Kette, Zwangsarbeit und Verbannung mit oder ohne Zwangsaufenthalt dauern von 12 Jahren und 1 Tag bis zu 20 Jahren.

Zuchthaus I und Gefängnis I, sowie Verschickung dauern von 6 Jahren und 1 Tag bis zu 12 Jahren.

Die zeitliche spezielle sowie absolute Unfähigkeit dauern von 6 Jahren und 1 Tag bis zu 12 Jahren.

Besserungs-Zuchthaus und Besserungs-Gefängnis sowie Ortsverweisung dauern von 6 Monaten und 1 Tag bis zu 6 Jahren.

Suspendierung dauert von 1 Monat und 1 Tag bis zu 6 Jahren.

Arrest I dauert von 1 Monat und 1 Tag bis zu 6 Monaten.

Arrest II dauert von 1 Tag bis zu 30 Tagen.

Die Dauer der Kaution wird durch Gerichtsbeschluß festgestellt.

Art. 30. Die Vorschriften des vorigen Artikels finden jedoch keine Anwendung hinsichtlich derjenigen Strafen, welche als Zusatzstrafen anderer verhängt werden; in diesem Falle sollen die Zusatzstrafen von derjenigen Dauer sein, wie sie im entsprechenden Falle vom Gesetz festgesetzt ist.

Art. 31. Ist der Schuldige ergriffen, so beginnt die Dauer der zeitlichen Strafen von dem Tage an zu laufen, an welchem der verurteilende Spruch seine Vollstreckbarkeit erlangt hat.

Ist der Schuldige jedoch nicht gefaßt, so soll die Dauer der Freiheitsstrafen von dem Moment beginnen, wo dieser behufs Abbüßung seiner Strafe zur Verfügung der richterlichen Gewalt steht.

Die Dauer der Strafen: Verbannung ohne Zwangsaufenthalt, Verschickung, Ortsverweisung soll erst an dem Tage beginnen, wo der Schuldige die Strafverbüßung angetreten hat.

Hat der Schuldige den Kassationsweg beschritten, und ist die Berufung verworfen worden, so soll seiner Strafe die Zeit nicht angerechnet werden, welche seit dem Urteilsspruch, gegen welchen er Berufung eingelegt hatte (casacion), bis zur Verkündung der Verwerfung der Berufung verflossen ist.

Zweiter Abschnitt.

Wirkung der Strafen je nach ihrer Natur.

Art. 32. Die dauernde absolute Unfähigkeit hat folgende Wirkungen:

1. Entziehung aller Ehren, öffentlichen Ämter und Stellungen, welche der Bestrafte inne hatte, auch wenn sie durch öffentliche Wahl verliehen waren.

2. Entziehung des Rechtes, zu öffentlichen Ämtern zu wählen oder gewählt zu werden, welche durch öffentliche Wahl vergeben werden.

3. Unfähigkeit, besagte Ehrenstellen, Ämter, Berufe und Rechte zu erlangen.

4. Verlust jedes Anrechtes auf Alterspensionierung, Wartegelder oder Pension für die Ämter, welche er früher innegehabt hat; unbeschadet jedoch derjenigen Renten, welche die Regierung ihm für hervorragende Dienste bewilligen kann.

Nicht in dieser Bestimmung einbegriffen sind die zurzeit der Verurteilung bereits für die Witwe oder Kinder des Bestraften erworbenen Rechte.

Art. 33. Die Strafe der absoluten zeitlichen Unfähigkeit hat folgende Wirkungen:

1. Entziehung aller Ehren, öffentlicher Ämter und Stellungen, welche der Bestrafte inne hat, auch wenn sie aus öffentlicher Wahl hervorgegangen waren.

2. Entziehung des aktiven und passiven Wahlrechtes für öffentliche Stellungen durch Volkswahl während der Zeit der Strafe.

3. Unfähigkeit, die in Nummer 1 erwähnten Ehrenstellen, Ämter, Berufe und Rechte während der Dauer der Verurteilung zu erlangen.

Art. 34. Die dauernde spezielle Unfähigkeit zu öffentlichen Ämtern hat folgende Wirkungen:

1. Entziehung des Amtes oder Berufes, auf welche die Bestrafung sich bezieht, sowie der damit verbundenen Ehren.

2. Unfähigkeit, andere ähnliche Stellungen zu erlangen.

Art. 35. Die spezielle, dauernde Unfähigkeit zum Stimmrechte beraubt den dauernd damit Bestraften des Rechtes, für das in Frage stehende öffentliche Amt durch Volkswahl zu wählen oder gewählt zu werden.

Art. 36. Die spezielle zeitliche Unfähigkeit für ein öffentliches Amt hat folgende Wirkungen:

1. Die Entziehung des betreffenden Amtes oder Berufes, sowie der damit verbundenen Ehren.

2. Die Unfähigkeit, während der Strafdauer andere ähnliche Berufe zu bekleiden.

Art 37. Die spezielle zeitliche Unfähigkeit zum Stimmrechte beraubt den damit Bestraften während der Strafdauer des Rechtes, für das in Frage stehende Amt durch Volkswahl zu wählen oder gewählt zu werden.

Art. 38. Die Enthebung von einem öffentlichen Amte macht den Bestraften unfähig, während der Strafdauer das betreffende Amt zu versehen oder ein in seinen Befugnissen ähnliches zu erlangen.

Art 39. Die Entziehung des Stimmrechtes macht den damit Bestraften in gleicher Weise zur Ausübung dieses Rechtes während der Strafdauer unfähig.

Art. 40. Trifft die Strafe der Unfähigkeit in irgend einem ihrer Grade oder die Amtsenthebung geistliche Personen, so beschränken sich ihre Wirkungen auf diejenigen Ämter, Rechte und Ehren, welche nicht durch die Kirche verliehen sind und auf die Vergütung, auf welche die Genannten in Anbetracht ihres geistlichen Amtes berechtigten Anspruch haben.

Art. 41. Die dauernde spezielle Unfähigkeit für ein Amt oder Beruf beraubt den damit Bestraften dauernd der Fähigkeit, dieselben auszuüben.

Die zeitliche Unfähigkeit hat während der Strafdauer die gleichen Wirkungen.

Art. 42. Die Enthebung von einem Amt oder Beruf hat dieselben Wirkungen für die Dauer der Strafzeit, wie die zeitliche Unfähigkeit.

Art. 43. Der Rechtsverlust (interdiccion civil) beraubt den damit Bestraften während der Strafdauer der Rechte auf: Ausübung der väterlichen Gewalt, Vormundschaft, fremde Vermögensverwaltung, Teilnahme am Familienrat, ehelichen Autorität, Verwaltung von Vermögen sowie des Rechtes, über sein Eigentum durch Handlungen unter Lebenden zu verfügen. Ausgenommen sind nur diejenigen Fälle, in denen das Gesetz diese Wirkungen beschränkt.

Art. 44. Die Strafe der Kaution legt dem Bestraften die Verpflichtung auf, einen bezahlten Bürgen zu stellen, welcher dafür zu bürgen hat, daß jener nicht das Übel ausführt, um dessen Verhütung es sich handelt und im Falle der Ausführung denjenigen Schadenersatz zu leisten hat, welchen das Gericht in seinem Erkenntnis festgesetzt hat.

Das Gericht bestimmt nach seinem Gutdünken die Dauer der Bürgschaft.

Stellt der Bestrafte keinen Bürgen, so ist auf Ortsverweisung zu erkennen.

Art. 45. Wer mit den Strafen der dauernden oder zeitlichen Unfähigkeit für öffentliche Ämter, Stimmrecht, Stellung oder Beruf belegt ist, kann in der vom Gesetz vorgeschriebenen Form wieder rehabilitiert werden.

Art. 46. Die Gnade des Straferlasses (gracia de indulto) hat jedoch nicht die Wirkung der Rehabilitierung bezüglich der Ausübung öffentlicher Ämter oder des Stimmrechts, falls in dem Straferlasse nicht ausdrücklich die Rehabilitierung ausgesprochen ist.

Art. 47. Die Kosten umfassen alle während der gerichtlichen Verhandlungen usw. entstandenen Verpflichtungen und Entschädigungen, sei es nun, daß es sich um feste oder vorher bereits gesetzmäßig, ordnungsmäßig oder durch Königl. Verfügung festgestellte unabänderliche Summen handelt, oder um solche, die keinem Tarif unterworfen sind.

Art. 48. Ist dagegen der Betrag der Verpflichtungen und Entschädigungen in den vom Gesetz bestimmten Normen, wie sie der vorige Artikel aufzählt, nicht vorher festgelegt worden, so sollen dieselben durch das Gericht nach den von der Strafprozeßordnung vorgeschriebenen Regeln festgesetzt werden.

Art. 49. Sind die Vermögenswerte des Bestraften jedoch nicht ausreichend, um alle geldwerten Verpflichtungen zu decken, so sollen dieselben in nachstehender Reihenfolge Berücksichtigung finden:

1. Vergütung des angerichteten Schadens und Entschädigung für die entstandenen Nachteile.

2. Entschädigung an den Staat für die Kosten des Stempelpapieres und die übrigen Auslagen, welche auf Rechnung des Bestraften in der betreffenden Angelegenheit entstanden sind.

3. Die Kosten des Privatklägers.

4. Die übrigen Prozeßkosten, einschließlich der Verteidigung des Prozessierten, ohne irgend welche Bevorzugung unter den Interessierten.

5. Die Geldstrafe selbst.

Gehört das Delikt zu denjenigen Verbrechen, welche nur auf Antrag der Partei verfolgt werden können, so genießen die Kosten des Privatklägers den Vorzug vor der Entschädigung an den Staat.

Art. 50. Hat der Verurteilte nicht genügende Vermögenswerte, um alle die geldwerten Verbindlichkeiten, welche in den Nummern 1, 3 und 5 des vorigen Artikels genannt werden, zu decken, so soll er nach Maßgabe folgender Regeln einer persönlichen subsidiären Verantwortlichkeit von einem Tage für je 5 Pesetas unterworfen bleiben:

1. Hat der Schuldige die ihm auferlegte Hauptstrafe in einer Strafanstalt eingeschlossen zu verbüßen, so setzt er die Abbüßung in derselben fort; doch darf diese Schuldhaft den dritten Teil der Hauptstrafzeit nicht überschreiten und in keinem Falle mehr wie ein Jahr betragen.

2. Ist dagegen die dem Schuldigen auferlegte Hauptstrafe nicht in einer Strafanstalt zu verbüßen und ihre Dauer festgesetzt, so bleibt der Betreffende für die in voriger Nummer festgesetzte Zeit denselben Entbehrungen unterworfen, welche die Strafe selbst kennzeichnen.

3. Besteht die auferlegte Hauptstrafe in einem Verweis, Geldstrafe oder Kaution, so trifft den zahlungsunfähigen Schuldigen eine Schuldhaft im Distriktsgefängnis. Diese Haft darf jedoch in keinem Falle sechs Monate überschreiten, falls die abgeurteilte Straftat ein Verbrechen war, und fünfzehn Tage, wenn es sich um eine Übertretung handelte.

Art. 51. Die persönliche subsidiäre Haftbarkeit wegen Zahlungsunfähigkeit soll jedoch nicht denjenigen treffen, der nach der allgemeinen Strafenskala zu einer höheren Strafe wie Besserungs-Zuchthaus verurteilt ist.

Art. 52. Die persönliche Haftbarkeit, welche den zahlungsunfähigen Schuldigen getroffen hat, befreit ihn von dem Ersatz für den verursachten Schaden nicht und ebensowenig von einer Entschädigung für die Nachteile, falls seine Vermögenslage sich später bessert; dagegen tritt eine Befreiung von den übrigen geldwerten Entschädigungsansprüchen ein, welche in den Nummern 4 und 5 des Art. 49 enthalten sind.

Dritter Abschnitt.

Strafen, welche andere Nebenstrafen mit sich bringen.

Art. 53. Die Todesstrafe bringt, falls sie wegen Begnadigung nicht zur Ausführung gelangt ist, die dauernde absolute Unfähigkeit mit sich, wenn bei der Begnadigung nicht ausdrücklich auch diese Nebenstrafe erlassen ist.

Art. 54. Lebenslängliche Kette hat nachstehende Strafen im Gefolge:

1. Degradation, falls lebenslängliche Kette als Hauptstrafe einen öffentlichen Beamten wegen im Amte begangener Mißbräuche (abusos) getroffen und dieses Amt den Charakter eines „lebenslänglichen“ hat.

2. Rechtsverlust.

Wenn auch der Verurteilte von der Hauptstrafe begnadigt ist, so trifft ihn doch dauernde absolute Unfähigkeit, falls die Nebenstrafe bei der Begnadigung von der Hauptstrafe nicht ausdrücklich eingeschlossen worden ist.

Art. 55. Lebenslängliche Zwangsarbeit hat dauernde absolute Unfähigkeit im Gefolge, auch wenn Begnadigung von der Hauptstrafe eingetreten ist; es sei denn, daß die Nebenstrafe in die Begnadigung ausdrücklich eingeschlossen wurde.

Art. 56. Lebenslängliche Verbannung mit oder ohne Zwangsaufenthalt bringen dieselbe Nebenstrafe wie lebenslängliche Zwangsarbeit mit sich; die Bestimmungen der vorigen Artikel gelten auch für diesen Eall.

Art. 57. Zeitliche Kette hat folgende Nebenstrafen:

1. Rechtsverlust des Bestraften während der Dauer der Strafe.
2. Dauernde absolute Unfähigkeit.

Art. 58. Zuchthaus I bringt absolute zeitliche Unfähigkeit während der gesamten Strafdauer mit sich.

Art. 59. Besserungs-Zuchthaus bringt mit sich die Enthebung von jedem öffentlichen Amt, Beruf, Stellung, sowie des Wahlrechtes.

Art. 60. Zeitliche Zwangsarbeit, Verbannung mit und ohne Zwangsaufenthalt, bringen die absolute zeitliche Unfähigkeit während der gesamten Strafzeit mit sich.

Art. 61. Verschickung bringt die zeitliche absolute Unfähigkeit während der Dauer der Strafzeit mit sich.

Art. 62. Gefängnis I und Besserungs-Gefängnis I sowie Arrest I bringen Enthebung von jedem Amt und Entziehung des Stimmrechtes für die Dauer der Strafe mit sich.

Art. 63. Jede Strafe, welche für ein Verbrechen verhängt ist, bringt den Verlust aller daraus herrührenden Vorteile sowie der Werkzeuge mit sich, mit welchen das Verbrechen ausgeführt wurde.

In beiden Fällen tritt Konfiskation ein, falls es sich nicht um das Eigentum einer nicht am Verbrechen beteiligten Person handelt.

Die konfiszierten Gegenstände werden, falls sie dem freien Verkehr unterliegen, verkauft und der Erlös zur Deckung der Verantwortlichkeiten des Bestraften verwandt; handelt es sich um unerlaubte Gegenstände, so tritt Vernichtung ein.

Viertes Kapitel.

Anwendung der Strafen.

Erster Abschnitt.

Regeln für die Anwendung der Strafen auf die Urheber des vollendeten Verbrechens, des fehlgeschlagenen Verbrechens und des Versuchs, sowie auf die Gehilfen und Begünstiger.

Art. 64. Die Urheber eines Verbrechens oder einer Übertretung trifft für das Verbrechen oder die Übertretung, welche sie begangen haben, die im Gesetz bezeichnete Strafe.

Bezeichnet das Gesetz allgemein eine Strafe für ein Verbrechen, so bedeutet dies, daß die Strafe für das vollendete Veibrechen gilt.

Art. 65. Ist dagegen das zur Ausführung gelangte Verbrechen ein anderes wie es der Schuldige auszuführen beabsichtigt hatte, so sind folgende Regeln zu beachten:

1. Wenn für das ausgeführte Verbrechen eine höhere Strafe angedroht ist wie diejenige, welche dem vom Schuldigen zur Ausführung beabsichtigten Verbrechen entsprechen würde, so soll die letzterem entsprechende Strafe im Höchstmaße auferlegt werden.

2. Ist die für das tatsächlich ausgeführte Verbrechen bezeichnete Strafe geringer wie diejenige, welche dem vom Schuldigen auszuführenden beabsichtigten Verbrechen entsprechen würde, so soll die Strafe im Höchstmaße verhängt werden, welche dem ersteren entsprechen würde.

3. Die Vorschriften der vorstehenden Nummer finden jedoch keine Anwendung, wenn die vom Schuldigen ausgeführten Handlungen außerdem die Fehlschlagung oder den Versuch eines anderen Verbrechens darstellen; bestraft nämlich das Gesetz diese Handlungen mit höherer Strafe, so gelangt diejenige Strafe in ihrem Höchstmaße zur Anwendung, welche auf den Versuch oder das fehlgeschlagene Verbrechen gesetzt ist.

Art. 66. Die Urheber eines fehlgeschlagenen Verbrechens trifft die um ein Grad niedrigere Strafe als diejenige, welche das Gesetz für das vollendete Verbrechen bezeichnet.

Dieselbe Regel findet hinsichtlich der Urheber von fehlgeschlagenen Übertretungen gegen Personen oder Eigentum statt.

Art. 67. Die Urheber des Versuchs trifft die um zwei Grade niedrigere Strafe wie für das vollendete Verbrechen.

Art. 68. Die Gehilfen eines vollendeten Verbrechens trifft die um ein Grad niedrigere Strafe, als diejenige, welche auf das vollendete Verbrechen gesetzt ist.

Art. 69. Die Begünstiger eines vollendeten Deliktes trifft die um zwei Grade niedrigere Strafe, als diejenige, welche das Gesetz für das vollendete Delikt angibt.

Art. 70. Die Gehilfen eines fehlgeschlagenen Verbrechens trifft die um ein Grad niedrigere Strafe, wie diejenige, welche das Gesetz für das fehlgeschlagene Verbrechen angibt.

Art. 71. Die Begünstiger eines fehlgeschlagenen Verbrechens trifft die um zwei Grade niedrigere Strafe wie diejenige, welche das Gesetz für das fehlgeschlagene Verbrechen angibt.

Art. 72. Die Gehilfen des Versuchs eines Verbrechens trifft die um ein Grad niedrigere Strafe wie diejenige, welche das Gesetz für das versuchte Verbrechen angibt.

Art. 73. Die Begünstiger des versuchten Verbrechens trifft die um zwei Grade niedrigere Strafe, wie diejenige, welche das Gesetz für das versuchte Verbrechen angibt.

Erklärende Tabelle für die Vorschriften in diesem Kapitel.

	Strafe, welche für das Verbrechen angegeben ist	Strafe, welche dem Urheber des fehlgeschlagenen Verbrechens sowie dem Gehilfen des vollendeten Verbrechens zukommt	Strafe, welche dem Urheber des Versuchs des vollendeten Verbrechens, dem Begünstiger des gleichen Verbrechens, sowie den Gehilfen des fehlgeschlagenen Verbrechens zukommt	Strafe, welche dem Begünstiger des fehlgeschlagenen Verbrechens sowie den Gehilfen des Versuchs zukommt	Strafe, welche dem Begünstiger des versuchten Verbrechens zukommt
Erster Fall	Todesstrafe	Lebenslängliche Kette	Zeitliche Kette	Zuchthaus I	Besserungs-Zuchthaus
Zweiter Fall	Lebenslängliche Kette oder Todesstrafe	Zeitliche Kette	Zuchthaus I	Besseruhgs-Zuchthaus	Arrest I
Dritter Fall	Zeitliche Kette im Höchstmaße bis Todesstrafe	Zuchthaus I im Höchstmaße bis zeitliche Kette im Mittelmaße	Besserungs-Zuchthaus im Höchstmafse bis Zuchthaus I im Mittelmaße	Arrest I im Höchstmaße bis Besserungs-Zuchthaus im Mittelmaße	Geldstrafe und Arrest I im Mindest- bis Mittelmaße
Vierter Fall	Zuchthaus I im Höchstmaße bis zeitliche Kette im Mittelmaße	Besserungs-Zuchthaus im Höchstmaße bis Zuchthaus I im Mittelmaße	Arrest I im Höchstmaße bis Besserungs-Zuchthaus im Mittelmaße	Geldstrafe und Arrest I im Mindest- bis Mittelmaße	Geldstrafe

Art. 74. Ausgenommen von den Verfügungen in den Artikeln 69, 71 und 73 sind die in Nummer 3 des Artikels 16 erwähnten Begünstiger, bei denen auch die Bedingung 1 derselben Nummer zutrifft; in diesem Falle wird die Strafe der dauernden speziellen Unfähigkeit verhängt, falls der unterstützte Delinquent sich eines schweren Verbrechens schuldig gemacht hatte; und zeitliche spezielle Unfähigkeit, falls es sich um ein weniger schweres Verbrechen handelte.

Art. 75. Die in Artikel 66 und folgenden bis 74 einschliefslich enthaltenen allgemeinen Vorschriften haben jedoch keine Geltung in den Fällen, in welchen das fehlgeschlagene Verbrechen, der Versuch, die Beihilfe oder Begünstigung besonders durch das Gesetz bestraft werden.

Art. 76. Um die Strafen richtig abzumessen (graduar las penas), welche in Anbetracht der Vorschriften in den Artikeln 66 und folgenden bis 73 einschließlich über die Urheber des fehlgeschlagenen Verbrechens, des Versuchs, die Gehilfen und Begünstiger verhängt werden sollen, sind folgende Regeln zu beachten:

1. Wenn die für das Verbrechen bezeichnete Strafe eine einzige und unteilbare ist, so soll die unmittelbar niedrigere diejenige sein, welche der Ordnung nach in der entsprechenden Stufenleiter unmittelbar auf die unteilbare Strafe folgt.

2. Wenn die für das Verbrechen bezeichnete Strafe sich aus zwei unteilbaren oder aus einer oder mehreren teilbaren zusammensetzt, welche in ihrer ganzen Ausdehnung angedroht sind, so soll die unmittelbar niedrigere diejenige sein, welche der Ordnung nach in der entsprechenden Strafenleiter auf die niedrigste der verhängten Strafen folgt.

3. Wenn die für das Verbrechen bezeichnete Strafe aus einer oder zwei unteilbaren und dem Höchstmaße einer anderen teilbaren zusammensetzt ist, so soll die unmittelbar niedrigere Strafe aus dem Mittel- und Mindestmaße der teilbaren Strafe selbst und dem Höchstmaße derjenigen Strafe zusammensetzen, welche der Ordnung nach in der betreffenden Strafenleiter folgt.

4. Wenn die für das Verbrechen bezeichnete Strafe sich aus mehreren Graden, verschiedenen teilbaren Strafen angehörend zusammensetzt, so soll die unmittelbar niedrigere sich aus dem Grade zusammensetzen, welcher dem Mindestmaße derjenigen Grade folgt, welche die auferlegte Strafe bilden und der anderen zwei unmittelbar folgenden, welche von der auferlegten Strafe selbst genommen werden, falls solche vorhanden ist; im anderen Falle diejenige Strafe, welche in der entsprechenden Strafenleiter folgt.

5. Wenn das Gesetz für das Verbrechen eine Strafe bestimmt, welche in keiner der vier vorhergehenden Regeln vorgesehen ist, so sollen die Gerichte analoger Weise verfahren und diejenigen Strafen anwenden, welche den Urhebern des fehlgeschlagenen Verbrechens und des Versuches sowie den Gehilfen und Begünstigern zukommen würden.

Art. 77. Findet sich die für das Verbrechen bezeichnete Strafe in zwei Stufenleitern enthalten, so soll die im vorigen Artikel angeordnete Strafzumessung innerhalb der Stufenleiter vorgenommen werden, welche die Strafen enthält, mit denen der größte Teil der Verbrechen bestraft wird, welche in dem betreffenden Abschnitt, Kapitel oder Titel besprochen werden.

Zweiter Abschnitt.

Regeln für die Strafzumessung unter Berücksichtigung mildernder und erschwerender Umstände.

Art. 78. Mildernde oder erschwerende Umstände werden zur Minderung oder Erhöhung der Strafe in den Fällen und nach den Regeln in Berücksichtigung gezogen, welche in diesem Abschnitte vorgeschrieben werden.

Art. 79. Straferhöhende Wirkung bringen jedoch nicht diejenigen erschwerenden Umstände hervor, welche an sich ein Verbrechen darstellen, dessen Bestrafung ausdrücklich vom Gesetze vorgesehen oder besonders beschrieben und zur Bestrafung empfohlen ist.

Ebensowenig kommen diejenigen erschwerenden Umstände als straferhöhend in Betracht, welche in der Weise mit dem Verbrechen zusammenhängen, daß ohne ihr Vorhandensein das Verbrechen gar nicht begangen werden konnte.

Art. 80. Diejenigen erschwerenden oder mildernden Umstände, welche in der moralischen Veranlagung des Schuldigen, in seinen privaten Beziehungen zu dem Angegriffenen oder in einer anderen persönlichen Ursache liegen, sollen zur Erhöhung oder Minderung der strafrechtlichen Verantwortlichkeit nur bei solchen Urhebern, Gehilfen oder Begünstigern in Berücksichtigung gezogen werden, bei denen sie auch tatsächlich zutreffen.

Diejenigen Umstände dagegen, welche in der materiellen Ausführung der Tat selbst oder den bei der Durchführung angewandten Mitteln liegen, sollen lediglich bei Delinquenten als mildernd oder erschwerend in Anrechnung kommen, welchen dieselben im Augenblicke der Tat oder der Beihilfe zum Verbrechen bekannt waren.

Art. 81. In denjenigen Fällen, in welchen das Gesetz nur eine einzige unteilbare Strafe angibt, soll diese auch zur Anwendung kommen, ohne daß das Gericht Rücksicht auf mildernde oder erschwerende Umstände nimmt, welche bei der Tat mitgewirkt haben.

Falls das Gesetz eine aus zwei unteilbaren, zusammengesetzte Strafe angibt, sollen folgende Regeln für die Strafbestimmung gelten:

1. Hat bei der Tat nur ein erschwerender Umstand mitgewirkt, so kommt die höhere Strafe zur Anwendung.

2. Haben bei der Tat weder mildernde noch erschwerende Umstände mitgewirkt, so kommt die niedrigere Strafe zur Anwendung.

3. Hat bei der Tat ein mildernder, aber kein erschwerender Umstand mitgewirkt, so kommt die niedrigere Strafe zur Anwendung.

4. Haben bei der Tat mildernde und erschwerende Umstände mitgewirkt, so sollen die Gerichte deren Zahl und Wichtigkeit einer gerechten Abschätzung unterziehen, um im Einklang mit den vorhergehenden Regeln die Strafe festzusetzen, welche als Resultat der Erwägungen sich ergeben hat.

Art. 82. Falls die vom Gesetz bezeichnete Strafe drei Maße kennt — sei es nun, daß es sich um eine teilbare, oder aus drei verschiedenen zusammengesetzte Strafe handelt, von denen jede einzelne in Übereinstimmung mit den Vorschriften der Artikel 97 und 98 ein Maß für sich bildet — sollen die Gerichte für die Abschätzung der Strafe, je nachdem ob mildernde oder erschwerende Umstände vorliegen, folgende Regeln beobachten:

1. Falls weder mildernde noch erschwerende Umstände bei der Tat vorliegen, soll auf die betreffende Strafe im Mittelmaße erkannt werden.

2. Liegt nur ein mildernder Umstand vor, so soll auf das betreffende Mindestmaß erkannt werden.

3. Liegt nur ein erschwerender Umstand vor, so soll auf das betreffende Höchstmaß erkannt werden.

4. Falls erschwerende und mildernde Umstände vorliegen, soll eine gerechte Abschätzung für die Strafbestimmung vorgenommen und der Wert des einen und anderen gegen einander abgewogen werden.

5. Sind zwei oder mehr und noch dazu besonders gewichtige mildernde Umstände, dagegen kein erschwerender vorhanden, so sollen die Gerichte die unmittelbar niedrigere Strafe in Anwendung bringen, als wie sie sich im Gesetze vorgezeichnet findet, wobei je nach Zahl und Wichtigkeit besagter Umstände das entsprechende Maß der Strafe in Anwendung kommen soll.

6. Die Gerichte können jedoch, auch wenn noch so viele und schwerwiegende erschwerende Umstände vorliegen, keine höhere Strafe auferlegen, wie die betreffende Strafe in ihrem Höchstmaße.

7. Innerhalb der Grenzen jedes Strafmaßes bestimmen die Gerichte die Höhe der Strafe in Anbetracht der Zahl und Wichtigkeit der erschwerenden oder mildernden Umstände und des größeren oder geringeren Umfanges des durch das Verbrechen verursachten Schadens.

Art. 83. Falls die vom Gesetz angezeigte Strafe sich nicht aus drei Maßen zusammensetzt, sollen die Gerichte die im vorigen Artikel enthaltenen Regeln beachten und die Zeit, welche die auferlegte Strafe umfaßt, in drei gleiche Abschnitte teilen, wobei jeder der drei Abschnitte als ein Maß gilt.

Art. 84. Bei Anwendung von Geldstrafen können die Gerichte über den ganzen Umfang, innerhalb dessen das Gesetz die Strafe aufzuerlegen erlaubt, verfügen und sollen, um die Höhe in jedem einzelnen Falle zu bestimmen, nicht allein die mildernden und erschwerenden Umstände der That, sondern auch das Vermögen und die Leistungsfähigkeit des Schuldigen in Berücksichtigung ziehen.

Art. 85. Treffen nicht alle Erfordernisse ein, welche im Falle No. 8 des Artikels 8 gefordert werden, um von der strafrechtlichen Verantwortlichkeit zu befreien, so sollen die Verfügung in Artikel 579 gelten.

Art. 86. Wer jünger als fünfzehn aber mehr als neun Jahre alt und — weil das Gericht erklärt hat, daß er mit Einsicht gehandelt hat, – nicht von der strafrechtlichen Verantwortlichkeit ausgenommen ist, soll eine nach freier Bestimmung des Gerichts auferlegte Strafe erhalten; doch muß diese stets um mindestens zwei Grade niedriger sein, wie diejenige, welche das Gesetz für die begangene Tat anzeigt.

Wer älter als fünfzehn, aber jünger als achtzehn Jahre ist, erhält stets nur die um ein Grad niedrigere Strafe, als diejenige, welche das Gesetz anzeigt.

Art. 87. Die um ein oder zwei Grade niedrigere Strafe, als wie sie im Gesetz angezeigt ist, soll dann zur Anwendung kommen, wenn die That nicht gänzlich entschuldbar ist aus Mangel eines der Erfordernisse, welche zum Ausschluß der strafrechtlichen Verantwortlichkeit in den entsprechenden Fällen verlangt werden, von denen in Art. 8 die Rede ist; doch muß die größte Zahl derselben zutreffen. In diesem Falle hat das Gericht unter Berücksichtigung der Zahl und Wichtigkeit der Erfordernisse, welche fehlen oder vorhanden sind, die Strafe in dem Grade aufzuerlegen, welchen es für angebracht erachtet.

Diese Verfügung gilt unbeschadet der Vorschriften in Art 85.

Art. 88. Wer sich zwei oder mehrerer Verbrechen oder Übertretungen schuldig gemacht hat, soll alle Strafen auferlegt erhalten, welche den verschiedenen Straftaten zukommen; die Verbüßung der Strafen soll, falls dies der Natur oder Wirkungen derselben nach möglich ist, eine gleichzeitige sein.

Art. 89. Kann eine oder mehrere der Strafen, welche den verschiedenen Verfehlungen zukommen, vom Schuldigen nicht gleichzeitig verbüßt werden, so sollen diesbezüglich folgende Regeln beachtet werden:

1. Bei Auferlegung der Strafen soll bezüglich der allmählichen Abbüßung durch den Verurteilten die Reihenfolge ihrer Schwere nach innegehalten werden, so weit dies möglich ist, falls etwa eine Begnadigung von den zuerst auferlegten Strafen eingetreten ist oder dieselben bereits verbüßt sind.

Die Schwere der einzelnen Strafen bezüglich der Vorschriften im vorstehenden Abschnitt, wird nach folgender Strafenleiter bestimmt:

Todesstrafe.
Lebenslängliche Kette.
Zeitliche Kette.
Lebenslängliche Zwangsarbeit.
Zeitliche Zwangsarbeit.

Zuchthaus I.
Gefängnis I.
Besserungs-Zuchthaus.
Besserungs-Gefängnis.
Arrest I.
Lebenslängliche Verbannung mit Zwangsaufenthalt.
Zeitliche Verbannung mit Zwangsaufenthalt.
Lebenslängliche Verbannung ohne Zwangsaufenthalt.
Zeitliche Verbannung ohne Zwangsaufenthalt.
Verschickung.
Ortsverweisung.

2. Trotz der Vorschriften des vorigen Artikels soll die höchste Strafdauer für den Schuldigen nicht den dreifachen Betrag der Zeit übersteigen können, welche die schwerste verhängte Einzelstrafe zuläßt; sobald die bereits auferlegten Strafen das Maximum der eben erwähnten Zeitdauer erreicht haben, soll die Verhängung weiterer vorhergehender Strafen unterbleiben.

In keinem Falle kann besagtes Maximum vierzig Jahre überschreiten.

Die Zeitdauer der lebenslänglichen Strafe wird zur Berücksichtigung der eben erwähnten Regel auf 30 Jahren festgesetzt.

Art. 90. Die Verfügungen des vorigen Artikels finden jedoch in dem Falle keine Anwendung, daß eine einzige Tat zwei oder mehr Delikte darstellt oder falls das eine Verbrechen das notwendige Mittel war, um das andere auszuführen.

In diesem Falle soll nur diejenige Strafe im Höchstmaße zur Anwendung kommen, welche dem schwersten Verbrechen entsprechen würde.

Art. 91. Erkennen die Gerichte auf eine Strafe, welche nach den Vorschriften des dritten Abschnitts vorigen Kapitels, gesetzmäßig andere Strafen mit sich bringt, so soll die Verurteilung des Schuldigen zu diesen letzteren ausdrücklich ausgesprochen werden.

Art. 92. In denjenigen Fällen, in welchen das Gesetz auf eine um zwei oder mehr Grade niedriger oder höhere Strafe erkennt, wie eine andere bestimmt angezeigte Strafe, sollen für die Strafabmessung die in den Artikeln 76 und 77 geltenden Regeln befolgt werden.

Die höhere oder niedrigere Strafe soll derjenigen Stufenleiter entnommen werden, welche die verhängte Hauptstrafe enthält.

Ist auf eine höhere Strafe wie Arrest I zu erkennen, so soll die Strafe derjenigen Stufenleiter entnommen werden, in welcher sich die Strafen für Verbrechen gleicher Art angezeigt finden, für deren Ahndung Arrest I nicht mehr genügt.

Die Gerichte sollen, um die richtige höhere oder niedrigere Strafzumessung zu finden, sich halten an folgende

Stufenleitern.

Stufenleiter Nr. 1

1. Todesstrafe.
2. Lebenslängliche Zwangsarbeit.
3. Zeitliche Kette.
4. Zuchthaus I.
5. Besserungs-Zuchthaus.
6. Arrest.

Stufenleiter Nr. 2.

1. Todesstrafe.
2. Lebenslängliche Zwangsarbeit.
3. Zeitliche Zwangsarbeit.
4. Gefängnis I.
5. Besserungs-Gefängnis.
6. Arrest.

Stufenleiter Nr. 3.

1. Lebenslängliche Verbannung mit Zwangsaufenthalt.
2. Zeitliche Verbannung mit Zwangsaufenthalt.
3. Verschickung.
4. Ortsverweisung.
5. Öffentlicher Verweis.
6. Kaution.

Stufenleiter Nr. 4.

1. Lebenslängliche Verbannung ohne Zwangsaufenthalt.
2. Zeitliche Verbannung ohne Zwangsaufenthalt.
3. Verschickung.
4. Ortsverweisung.
5. Öffentlicher Verweis.
6. Kaution.

Stufenleiter Nr. 5.

1. Dauernde absolute Unfähigkeit.
2. Zeitliche absolute Unfähigkeit.
3. Enthebung von öffentlichen Ämtern, aktivem und passivem Wahlrecht, Stellung oder Beruf.

Stufenleiter Nr. 6.

1. Dauernde spezielle Unfähigkeit
2. Zeitliche spezielle Unfähigkeit

für { öffentliches Amt, aktives und passives Wahlrecht, Stellung oder Beruf.

3. Enthebung von { öffentlichem Amt, aktivem oder passivem Wahlrecht, Stellung oder Beruf.

Art. 93. Geldstrafe gilt als letzte Strafe in allen vorhergehenden Stufenleitern.

Ist in diesem Sinne bei Zahlungsunfähigkeit des Schuldigen die in Art. 50 besprochene subsidiäre Strafhaft angeordnet worden, so kann ihre Dauer die Zeit derjenigen Strafe nicht überschreiten, welche sich als nächsthöhere der betreffenden Stufenleiter verzeichnet findet.

Art. 94. In den Fällen, in welchen das Gesetz eine höhere Strafe wie eine andere bestimmte angibt, ohne jedoch ausdrücklich dieselbe namhaft zu machen, sollen, falls es in der betreffenden Stufenleiter keine höhere Strafe gibt oder die nachstehenste die Todesstrafe wäre, folgende Strafen als nächst höhere angesehen werden:

1. Wenn die bestimmte Strafe lebenslängliche Kette oder lebenslängliche Zwangsarbeit oder dauernde absolute resp. spezielle Unfähigkeit war, so bleibt die Strafe an sich dieselbe; doch mit dem Unterschiede, daß der Bestrafte keinen Anspruch auf die in Art. 29 dieser Gesetzbücher besprochenen Wohltat hat, sondern die Strafdauer vierzig Jahre beträgt.

2. Für lebenslängliche Verbannung mit Zwangsaufenthalt war, tritt lebenslängliche Zwangsarbeit ein.

3. Für lebenslängliche Verbannung ohne Zwangsaufenthalt war, tritt lebenslängliche Verbannung mit Zwangsaufenthalt ein.

Art. 95. Ist es nötig, dis Geldstrafe um einen oder mehr Grade zu erhöhen oder zu erniedrigen, so soll je nach dem für jeden Grad das im Gesetz bestimmte Höchstmaß um je ein Viertel erniedrigt oder erhöht werden; dieselbe Anordnung jedoch in entgegengesetzter Richtung findet statt, wenn es sich um Abschwächung einer Strafe handelt.

Gleiche Regeln sollen dann gelten, wenn die Geldstrafen nicht ihrem Betrage nach genau festgestellt sind, sondern wenn es sich um proportionale Höhe handelt.

Art. 96. Begehen Frauen Verbrechen, welche das Gesetzbuch mit lebenslänglicher oder zeitweilicher Kette, oder mit Zuchthaus I oder Besserungs-Zuchthaus bestraft, so sollen anstatt dessen in entsprechender Weise lebenslängliche oder zeitliche Zwangsarbeit, Gefängnis I oder Besserungs-Gefängnis verhängt werden.

Art. 97. Bei den teilbaren Strafen ist die gesetzliche Dauer in drei Teile eingeteilt, welche drei Maße bilden, Mindest-, Mittel- und Höchstmaß.

Die Art der Anordnung zeigt Tabelle auf S. 26.

Art. 98. In den Fällen, in welchen das Gesetz eine aus drei verschiedenen Stufen zusammengesetzte Strafe angibt, bildet jede einzelne ein Maß der Strafbarkeit; die leichteste von ihnen das Mindestmaß die folgende das Mittelmaß und die schwerste das Höchstmaß.

Hat die angezeigte Strafe eine der in diesem Buche besonders vorgesehenen Formen nicht, so geschieht die Maßeinteilung in analoger Weise, nach den festgesetzten Regeln.

Tabelle für die Dauer der teilbaren Strafen, sowie die Zeit, welche jedes einzelne ihrer Maße umfaßt.

Strafen	Zeitdauer, welche die gesamte Strafe umfaßt	Zeitdauer der Mindestmaße	Zeitdauer der Mittelmaße	Zeitdauer der Höchstmaße
Zeitliche Kette, Zwangsarbeit, Verbannung mit u. ohne Zwangsaufenth	von 12 Jahren und 1 Tag bis zu 20 Jahren	von 12 Jahren und 1 Tag bis zu 14 Jahren und 8 Monate	von 14 Jahren 8 Monaten und 1 Tag bis zu 17 Jahren und 4 Monaten	von 17 Jahren 4 Monaten und 1 Tag bis zu 20 Jahren
Zuchthaus I, Gefängnis I, uud Verschickung, zeitl. absolute resp. spezielle Unfähigkeit	von 6 Jahren und 1 Tag bis zu 12 Jahren	von 6 Jahren und 1 Tag bis zu 8 Jahren	von 8 Jahren und 1 Tag bis zu 10 Jahren	von 10 Jahren und 1 Tag bis zu 12 Jahren
Zuchthaus, Besserungs-Gefängnis und Ortsverweisung	von 6 Monaten und 1 Tag bis zu 6 Jahren	von 6 Monaten und 1 Tag bis zu 2 Jahren und 4 Monaten	von 2 Jahren 4 Monaten und 1 Tag bis zu 4 Jahren und 2 Monaten	von 4 Jahren 2 Monaten und 1 Tag bis zu 6 Jahren
Enthebung (Suspension)	von 1 Monat und 1 Tag bis zu 6 Jahren	von 1 Monat und 1 Tag bis zu 2 Jahren	von 2 Jahren und 1 Tag bis zu 4 Jahren	von 4 Jahren und 1 Tag bis zu 6 Jahreu
Arrest I	von 1 Monat und 1 Tag bis zu 6 Monaten	von 1 Monat bis zu 2 Monaten	von 2 Monaten und 1 Tag bis zu 4 Monaten	von 4 Monaten und 1 Tag bis zu 6 Monaten
Arrest II	von 1 Tag bis zu 30 Tagen	von 1 Tag bis zu 10 Tagen	von 11 Tagen bis zu 20 Tageu	von 21 Tagen bis zu 30 Tagen

Fünftes Kapitel.

Ausführung der Strafen und ihre Vollstreckung.

Erster Abschnitt.

Allgemeine Regeln,

Art. 99. Keine Strafe kann zur Ausführung gelangen ohne Vollstreckungsbefehl.

Art. 100. Ebenso wenig kann eine Strafe in anderer als vom Gesetz vorgeschriebenen Form vollstreckt werden, auch nicht unter anderen Umständen und Begleiterscheinungen, als wie sie im Texte besprochen sind.

Außer den gesetzlichen Vorschriften sollen auch die Bestimmungen der speziellen Verordnungen beobachtet werden, welche für die Leitung der Anstalten erlassen sind, in denen die Strafen zu verbüßen sind hinsichtlich ihrer Natur, Zeit sowie sonstigen Umständen, ihrer Arbeit, der Beziehungen der Bestraften zu einander sowie zu anderen Personen, Unterstützungen, welche sie erhalten können sowie der Verpflegung.

Die Reglements sehen die Trennung der Geschlechter in verschiedenen Anstalten oder wenigstens in verschiedenen Departements vor.

Art. 101. Verfällt der Delinquent in Wahnsinn oder Blödsinn, nachdem der richterliche Spruch Vollstreckbarkeit erlangt hat, so soll die Ausführung der Strafe, soweit sie seine Person betrifft, aufgeschoben werden unter Beachtung der Vorschriften, welche im entsprechenden Falle in den Abschnitten 2 und 3 der Nummer 1 des Art. 8 enthalten sind,

Sobald jedoch der Schuldige wieder in den Besitz seiner geistigen Fähigkeiten gelangt, soll er seine Strafe verbüßen, falls nicht Strafverjährung gemäß den Vorschriften, welche in diesem Gesetzbuche gegeben werden, eingetreten ist.

Die entsprechenden Vorschriften dieses Abschnittes sollen auch dann beobachtet werden, wenn der Wahnsinn oder Blödsinn den Verurteilten während der Verbüßung seines Urteilspruches trifft.

Zweiter Abschnitt.

Hauptstrafen.

Art. 102. Die Todesstrafe wird mit der Würgschraube (Garrote) am Tage und an einem Orte vollzogen, welcher sich nahe beim Aufenthaltsort des Schuldigen befindet, nachdem ihm 18 Stunden vorher die für die Vollstreckung festgesetzte Stunde mitgeteilt ist. An religiösen oder nationalen Festtagen werden keine Hinrichtungen vollzogen.

Art. 103. Hat die im vorigen Artikel angeordnete Benachrichtigung stattgefunden, so verfügt die mit der Vollstreckung des Urteils beauftragte richterliche Behörde, daß der Delinquent an einem isolierten Orte seiner Anstalt untergebracht werde und gestattet den Verkehr mit ihm nur den oberen Behörden des Ortes, dem Staatsanwalt des erkennenden Gerichtshofes oder dessen Bevollmächtigten, den Priestern oder geistlichen Personen, sowie den Mitgliedern der Wohltätigkeitsvereine, welche ihm beizustehen haben, dem Gefängnisarzt, sowie einem Notar, falls der Verurteilte ein Testament oder sonst einen mündlichen Willensakt vornehmen will, sowie denjenigen öffentlichen Beamten oder Personen, welche in Rücksicht hierauf unumgänglich notwendig sind und mit ausdrücklicher Einwilligung des Delinquenten seinem Rechtsvertreter oder Verteidiger, Mitgliedern seiner Familie oder jedweden anderen Person, welche besonderer Umstände halber von der richterlichen Behörde nach freiem Ermessen Erlaubnis erhalten hat.

Art. 104. Dem Hinrichtungsakte selbst haben beizuwohnen der hierfür beorderte Gerichtsschreiber, die Vertretung der Regierung und städtischen Behörden, der Chef und diejenigen Beamten der Strafanstalt, welche der Chef hierzu bestimmt, die Priester und geistlichen Personen sowie die Mitglieder der Wohltätigkeitsvereine, welche dem Delinquenten beistehen, sowie drei vom Bürgermeister namhaft gemachte Ortsbewohner, falls diese sich freiwillig hierzu erboten haben.

Im Moment der Hinrichtung wird an einer weithin sichtbaren äußeren Stelle der Anstalt eine schwarze Fahne gehißt, welche den ganzen Tag aufgezogen bleibt.

Der Leichnam kann der Familie des Delinquenten und Mangels dieser barmherzigen Menschen zur Beerdigung übergeben werden.

Die Beerdigung selbst hat ohne jeden Prunk zu geschehen.

Zur Bestätigung der Strafvollstreckung wird ein genaues Protokoll des Vorganges vorgenommen, von allen anwesenden Personen unterschrieben und im amtlichen Anzeiger der Provinz veröffentlicht.

Art. 105. Die Todesstrafe wird an einer schwangeren Frauensperson nicht eher vollzogen noch ihr der Vollstreckungsbefehl mitgeteilt, als bis 40 Tage nach der Entbindung verstrichen sind.

Art. 106. Die Strafen der lebenslänglichen sowie der zeitlichen Kette werden an irgend einem hierzu bestimmten Orte in Afrika, den Kanarischen Inseln oder den überseeischen Kolonien verbüßt.

Art. 107. Die zu lebenslänglicher oder zeitlicher Kette Verurteilten arbeiten zum Nutzen des Staates; sie tragen ständig am Fuße eine von den Hüften herabhängende Kette, werden zu harten und beschwerlichen Arbeiten verwandt und erhalten keinerlei Erleichterung oder Vergünstigung von außerhalb der Anstalt.

Trotzdem kann das Gericht, falls es dies für nötig hält, in Ansehung des Alters, der Gesundheit, Standes oder sonstigen persönlichen Umstände des Verurteilten bestimmen, daß derselbe seine Strafe in Arbeiten innerhalb der Anstalt abbüßt; doch ist dies im Urteilsspruche ausdrücklich zu bemerken.

Art. 108. Die zu zeitlicher oder lebenslänglicher Kette Verurteilten können weder zu Arbeiten für Privatleute noch zu öffentlichen Arbeiten verwendet werden, welche durch Gesellschaften oder Kontrakte mit dem Staate unternommen werden.

Art. 109. Wer vor der Verurteilung zu lebenslänglicher oder zeitlicher Kette bereits das 60. Lebensjahr vollendet hatte, soll seine Strafe in einem Zuchthaus I. verbüßen.

Vollendet er dagegen sein 60. Lebensjahr, nachdem er bereits abgeurteilt war, so tritt Überführung in besagtes Zuchthaus für die im Urteilsspruche bereits vorher festgesetzte Zeit ein.

Art. 110. Zeitliche und lebenslängliche Zwangsarbeit werden in den Anstalten verbüßt, welche sich für diesen Zweck innerhalb oder außerhalb der Halbinsel befinden.

Die hierzu Verurteilten werden Zwangsarbeiten zum Wohle des Staates innerhalb des Anstaltsgebietes unterworfen.

Art. 111. Dauernde und zeitliche Verbannung mit Zwangsaufenthalt werden an den von der Regierung hierfür vorgesehenen Plätzen in den Kolonien verbüßt.

Die Verbannten können sich frei unter Aufsicht der Behörde, entsprechend ihrem Beruf oder Handwerke, innerhalb des Radius beschäftigen, welcher die Grenzen der Strafanstalt bestimmt.

Art 112. Wer zu Verbannung ohne Zwangsaufenthalt verurteilt ist, wird für immer des spanischen Gebietes verwiesen, falls die Verbannung lebenslänglich ist, und für die Dauer der Verurteilung, falls sie zeitlich ist.

Art. 113. Die Zuchthausstrafe wird in den hierfür bestimmten Anstalten verbüßt, welche für Zuchthaus I innerhalb der Halbinsel, der Balearischen und Kanarischen Inseln, für Besserungs-Zuchthaus innerhalb der Halbinsel erbaut sind.

Die zu Zuchthaus Verurteilten sind der Zwangsarbeit innerhalb der Anstalt, in welcher sie ihre Strafe verbüßen, unterworfen.

Art. 114. Das Arbeitsprodukt der Zuchthäusler soll dazu dienen:

1. Um der aus dem Verbrechen herrührenden zivilrechtlichen Verantwortlichkeit zu genügen.

2. Um die Anstalt für die verursachten Kosten schadlos zu halten.

3. Um ihnen irgend eine Erleichterung oder Ersparnisse während ihrer Gefangenschaft zu verschaffen, falls sie dieses verdienen und um ihnen einen Reservefonds zu bilden, welcher ihnen bei ihrem Austritt aus der Anstalt oder im Falle ihres Todes ihren Erben ausgehändigt werden soll.

Art. 115. Die Gefängnisstrafe wird in den hierfür bestimmten Anstalten verbüßt, welche für Gefängnis I innerhalb der Halbinsel, der Balearen oder Kanarischen Inseln, für Besserungs-Gefängnis innerhalb des Gerichtsbezirkes, welches die Strafe verhängt hat, errichtet sind.

Die zu Gefängnis Verurteilten können die Anstalt während der Dauer der Strafzeit nicht verlassen und beschäftigen sich zu ihrem eigenen Vorteil mit Arbeiten eigener Wahl, falls dieselben mit dem Reglement der Anstalt nicht in Widerspruch stehen. Den Arbeiten in der Anstalt sind sie dagegen so lange unterworfen, bis sie den in Nummer 1 und 2 des vorigen Artikels bezeichneten Verantwortlichkeiten genügt haben; außerdem sind es auch diejenigen Sträflinge, welche keinen bekannten oder ehrenhaften Beruf oder Einkommen haben.

Art. 116. Die zu Verschickung Verurteilten werden nach einer auf den Balearen oder Kanarischen Inseln gelegenen Ortschaft oder Distrikt überführt, wo sie in voller Freiheit unter obrigkeitlicher Bewachung bleiben.

Um den Ort zu bestimmen, an welchem die Strafe verbüßt werden soll, sollen die Gerichte den Beruf, Amt und Lebensweise des Verurteilten in Berücksichtigung ziehen, damit derselbe auch dort seinen Unterhalt finden kann.

Diejenigen, welche auf Grund ihres Lebensalters, Gesundheit und guter Führung tauglich sind, können mit ihrer Einwilligung durch die Regierung zum Militärdienste bestimmt werden.

Dem zu Ortsverweisung Verurteilten bleibt der Zutritt zu dem oder denjenigen Orten und in dem Umkreise, welche in dem Erkennungsurteil aufgeführt werden, versagt; dieser Radius umfaßt eine Entfernung von mindestens 25 Kilometer und höchstens 250 Kilometer von dem angegebenen Orte aus gerechnet.

Art. 117. Der zu öffentlichem Verweis Verurteilte erhält denselben persönlich in der Gerichtssitzung bei offener Tür.

Der zu privatem Verweis Verurteilte erhält denselben in der Gerichtssitzung und im Beisein des Sekretärs, dagegen bei geschlossenen Türen.

Art. 118. Arrest I wird in dem öffentlich hierzu bestimmten Gebäude, welches am Schluß dieses Abschnittes erwähnt ist, verbüßt.

Die Vorschrift im Abschnitt 2 des Artikels 115 ist auch in den entsprechenden Fällen auf die zu Arrest Verurteilten anwendbar.

Art. 119. Arrest II wird im Rathaus, einem anderen öffentlichen Gebäude oder in der Wohnung der Bestraften selbst verbüßt, wenn dies im Urteil so bestimmt ist. Der Bestrafte darf jedoch den Raum während der Dauer seiner Strafe nicht verlassen.

Dritter Abschnitt.

Nebenstrafen.

Art. 120. Der zur Degradation Verurteilte wird durch einen Gerichtsdiener in öffentlicher Sitzung des Gerichtes seiner Uniform, offiziellen Amtstracht, Ehrenzeichen und Orden entkleidet.

Die Entkleidung geschieht auf Befehl des Gerichtspräsidenten, welcher dieselbe mit folgender Formel anordnet: „Entkleidet den ..... (folgt der Name des Verurteilten) seiner Ehrenzeichen und Orden, zu deren Benutzung das Gesetz ihn für unwürdig erachtet; das Gesetz degradiert ihn, weil er sich selbst degradiert hat.“

Vierter Titel.

Von der zivilrechtlichen Verantwortlichkeit.

Art. 121. Die im II. Kapitel Titel II dieses Buches aufgestellte zivilrechtliche Verantwortlichkeit umfaßt:

1. Die Restitution.
2. Den Ersatz des verursachten Schadens.
3. Die Entschädigung für entstandene Nachteile.

Art. 122. Die Restitution hat wenn möglich stets mit derselben Sache unter Vergütung der Verschlechterung oder Entwertung nach Maßgabe des Gerichtes zu geschehen.

Die Restitution findet statt, auch wenn die Sache sich im Besitz eines Dritten befindet und dieser sie auf gesetzlich erlaubte Weise erworben hat, unter Wahrung seiner Ansprüche Demjenigen gegenüber, gegen welchen ihm dieselben zustehen.

Diese Verfügung ist jedoch nicht in dem Falle anwendbar, daß ein Dritter die Sache in der Form und unter den gesetzlichen Erfordernissen erworben hat, welche vom Gesetz aufgestellt sind, um die Sache nicht zurückforderbar zu machen (irreivindicable).

Art. 123. Der Ersatz geschieht seitens des Gerichtes unter Abschätzung der Schadenshöhe, sowie unter Berücksichtigung des Wertes der Sache, falls dieser festzustellen ist, und des innern Wertes (precio de afeccion), welchen die Sache für den Geschädigten hatte.

Art. 124. Die Entschädigung für entstandene Nachteile umfaßt nicht nur diejenigen, welche dem Geschädigten selbst entstanden sind, sondern auch diejenigen, welche in Anbetracht des Verbrechens die Familie sowie irgend eine dritte Person getroffen haben.

Die Gerichte sollen den Betrag der Entschädigung nach denselben Gesichtspunkten regeln, welche für den Schadensersatz im vorhergehenden Artikel aufgestellt sind.

Art. 125. Die Verpflichtung zu restituieren, Schadensersatz zu leisten und Entschädigungen für erlittene Nachteile zu vergüten, geht in gleicher Weise auf die Erben der verantwortlichen Person über.

Art. 126. Falls zwei oder mehr Personen bei demselben Verbrechen oder Übertretung zivilrechtlich verantwortlich sind, bestimmen die Gerichte die Quote, für welche jeder Einzelne haftbar zu machen ist.

Art. 127. Ungeachtet der Vorschriften im vorigen Artikel sollen die Urheber, Gehilfen und Begünstiger, jeder innerhalb der entsprechenden Zugehörigkeit, solidarisch untereinander für die Quoten haftbar sein und subsidiär für diejenigen Quoten, für welche die übrigen Schuldigen verantwortlich sind.

Die subsidiäre Verantwortlichkeit wird in erster Linie gegen das Vermögen der Urheber geltend gemacht, sodann gegenüber demjenigen der Gehilfen und endlich gegen die Begünstiger.

Sowohl in den Fällen, wo die solidarische Haftbarkeit zur Ausführung kommt, wie in denjenigen der subsidiären, bleibt demjenigen, welcher die auf die andern Schuldigen entfallenden Quoten bezahlt hat, ein Regreßanspruch gewahrt.

Art. 128. Wer zum eigenen Vorteil an den Früchten eines Verbrechens oder einer Übertretung teilgenommen hat, ist zur Rückerstattung bis zur Höhe seines Anteils verpflichtet.

Fünfter Titel.

Strafen, welchen diejenigen verfallen, die den Strafvollzug unterbrechen oder während der Verbüßung ihrer Strafe ein neues Verbrechen begehen.

Erstes Kapitel.

Strafen, welchen diejenigen verfallen, die den Strafvollzug unterbrechen.

Art. 129. Die Verurteilten, welche den Strafvollzug unterbrechen, sollen eine Verschärfung in ihrer Strafe erleiden, unter Beobachtung der Regeln in folgenden Vorschriften:

1. Die zu Kette oder Zwangsarbeit Verurteilten verbüßen ihre entsprechende Strafe weiter; sollen jedoch für einen Zeitraum, welcher drei Jahre nicht übersteigen darf, die größten Entbehrungen, welche die Reglements zulassen, erleiden und zu noch härteren Arbeiten herangezogen werden.

Falls die betreffende Strafe „lebenslänglich" war, sollen dieselben nicht der Vergünstigung, welche der Artikel 29 festsetzt, teilhaftig werden, bis sie die ihnen auferlegte Strafverschärfung verbüßt haben.

War die Strafe nur eine zeitliche und konnte die Strafverschärfung nicht innerhalb des Zeitraums vollstreckt werden, welcher bei der ersten Strafe angegeben war, so sollen die Verurteilten derselben bis zur Abbüßung der Strafverschärfung unterworfen bleiben.

2. Die zu Verbannung mit oder ohne Zwangsaufenthalt Verurteilten, sollen zu Besserungs-Gefängnis verurteilt werden, welches drei Jahre nicht überschreiten darf und falls möglich, am Orte der Verbannung selbst oder im anderen Falle dem nächstgelegenen Orte zu verbüßen ist; und die zu Verbannung ohne Zwangsaufenthalt Verurteilten in einer der Strafanstalten des Königreichs.

Nach Verbüßung dieser Strafe setzen sie die Verbüßung ihrer ursprünglichen Strafe fort.

3. Die zu Zuchthaus, Gefängnis oder Arrest Verurteilten sollen eine Zusatzstrafe der gleichen Art erhalten, welche jedoch den sechsten Teil der Strafzeit nicht überschreiten darf, welche ihnen noch fehlt, um ihre ursprüngliche Strafe zu verbüßen.

4. Die zu Verschickung Verurteilten sollen mit Besserungs-Gefängnis, welches zwei Jahre nicht überschreiten darf, bestraft

werden; und wenn sie dieser Strafe genügt haben, sollen sie den Rest ihrer Verschickungsstrafe verbüßen.

5. Die mit Ortsverweisung Bestraften werden zu Arrest I verurteilt; nach Verbüßung dieser haben sie dem Rest der ursprünglichen Strafe zu genügen.

6. Die mit Unfähigkeit für ein Amt, Beruf, Stellung oder Stimmrecht, welches sie ausübten oder inne hatten, Bestraften, sollen zu Arrest I und Geldstrafe von 100—1000 Pesetas verurteilt werden, falls die Tat nicht ein besonderes Verbrechen darstellt.

7. Die mit Enthebung von einem Amt, Stellung, Beruf oder Stimmrecht, welches sie ausübten, Bestraften, sollen zu einer Zusatzstrafe von der gleichen Zeit wie die ursprüngliche Strafe es war, sowie zu Geldstrafe von 50—500 Pesetas verurteilt werden.

Art. 130. Die im vorigen Artikel vorgeschriebenen Zusatzstrafen sollen dagegen auf diejenigen an sich bereits mit Freiheitsentziehung Bestraften nicht angewandt werden, welche aus den Strafanstalten oder ihren Detachements ohne Gewalttaten, Einschüchterung oder Widerstand entflohen sind, sowie ohne Zertrümmern von Türen oder Fenstern, Dächern oder Fußböden, ohne Benutzung von Dietrichen und falschen Schlüsseln, ohne Einsteigen und ohne sich mit andern Strafgefangenen oder Beamten der Anstalt ins Einvernehmen gesetzt zu haben.

Der Bruch des Strafvollzuges, falls nicht ein oder mehrere dieser Umstände zutreffen, soll nur mit dem vierten Teil der entsprechenden und im Artikel 129 angezeigten Strafe gesühnt werden.

Zweites Kapitel.

Strafen, welchen diejenigen verfallen, die durch Vollstreckungsurteil bereits verurteilt, vor Antritt ihrer Strafe oder während der Strafzeit von neuem ein Verbrechen begehen.

Art. 131. Diejenigen, welche irgend ein Verbrechen oder eine Übertretung begehen, nachdem sie durch Vollstreckungsurteil verurteilt, ihre Strafe noch nicht angetreten haben oder während der Dauer ihrer Strafzeit, sollen nach folgenden Vorschriften bestraft werden:

1. Dem neuen Verbrechen oder Übertretung soll die im Gesetze angezeigte Strafe im Höchstmaße auferlegt werden.

2. Die Gerichte sollen, soweit dies in diesem Falle anwendbar ist, die im Art. 88 und Regel 1 des Artikel 89 dieses Gesetzbuches aufgestellten Anordnungen befolgen.

3. Der Sträfling, von welchem in diesem Artikel die Rede ist, soll mit 70 Jahren begnadigt werden, falls er die ursprüngliche Strafe bereits verbüßt hat oder wenn er an die Verbüßung dieser Strafe erst nach dem eben erwähnten Alter kommt. Diese Vergünstigung fällt jedoch fort, falls er sich durch sein Betragen oder aus anderen Gründen dieser Gnade nicht würdig erweist.

Sechster Titel.

Erlöschen der strafrechtlichen Verantwortlichkeit.

Art. 132. Die strafrechtliche Verantwortlichkeit erlischt:

1. Mit dem Tode des Schuldigen stets, soweit es sich um die persönlichen Strafen handelt, und, falls es sich um Geldstrafen handelt, nur, wenn bei seinem Tode das Urteil noch nicht für vollstreckbar erklärt worden war.

2. Durch Verbüßung der Strafe.

3. Durch Amnestie, welche völlig die Strafe und ihre Wirkungen auslöscht.

4. Durch Straferlaß.

Wer Straferlaß erlangt hat, darf jedoch während der Zeit, welche die Strafe gedauert hätte, falls keine Verzeihung eingetreten wäre, nicht am selben Ort wie der Angegriffene wohnen, sobald derselbe dies nicht ausdrücklich gestattet; im andern Falle bleibt der Erlaß der Strafe ohne jede Wirkung.

5. Durch Verzeihung seitens des Angegriffenen, falls die Strafe wegen Verbrechen verhängt war, welche nicht als Offizialverbrechen anzusehen sind.

6. Durch Verjährung des Verbrechens.

7. Durch Verjährung der Strafe.

Art. 133. Die Verbrechen verjähren nach 20 Jahren, falls das Gesetz für das Verbrechen Todesstrafe oder lebenslängliche Kette anzeigt.

In fünfzehn Jahren, wenn das Gesetz irgend eine andere ehrenrührige Strafe anzeigt.

In zehn Jahren, wenn es Besserungsstrafen anzeigt.

Ausgenommen sind die Verbrechen der Verleumdung und Beleidigung, sowie diejenigen, welche der Artikel 582 dieses Gesetzbuches umfaßt; von diesen verjähren die Ersteren in einem Jahre, die Zweiten in sechs Monaten und die Letztgenannten in drei Monaten.

Übertretungen verjähren in zwei Monaten.

Ist die angezeigte Strafe eine zusammengesetzte, so soll man sich an die höchste Strafe halten, um die im ersten, zweiten und dritten Abschnitte dieses Artikels aufgestellten Regeln anwenden zu können.

Die Zeit der Verjährung fängt von dem Tage zu laufen an, an welchem das Verbrechen begangen ist und, falls es bis zu diesem Termin noch nicht bekannt war, von dem Tage der Entdeckung und Anfang der gerichtlichen Schritte an, welche zur Aufklärung oder Bestrafung unternommen wurden.

Die Verjährung wird von dem Augenblick an unterbrochen, wo das Verfahren sich gegen den Schuldigen richtet; die Verjährung fängt von neuem zu laufen an, wenn der Prozeß ohne Verurteilung endet oder das Verfahren eingestellt wird, falls dies nicht wegen Widersetzlichkeit des Schuldigen geschieht.

Art. 134. Die durch vollstreckbares Urteil verhängten Strafen verjähren:

Todesstrafe und lebenslängliche Kette in zwanzig Jahren.

Die übrigen ehrenrührigen Strafen in fünfzehn Jahren.

Die Besserungsstrafen in zehn Jahren.

Die leichten Strafen in einem Jahre.

Die Zeit dieser Verjährung fängt mit dem Tage zu laufen an, an welchem dem Verurteilten persönlich der Vollstreckungsbefehl mitgeteilt wurde oder nach Unterbrechung der Strafe, falls ihre Verbüßung bereits angefangen hatte.

Die Verjährung wird dagegen unterbrochen und die bereits verstrichene Zeit bleibt ohne Wirkung für den Fall, daß der Schuldige sich selbst stellt oder gefaßt wird, falls er sich nach einem fremden Lande entfernt, mit welchem Spanien keine Auslieferungsverträge abgeschlossen hat oder, falls dieselben bestehen, in ihnen das betreffende Verbrechen nicht aufgezählt ist oder der Schuldige ein neues Verbrechen begeht, bevor die Verjährungsfrist abgelaufen ist, unbeschadet, daß diese nunmehr von neuem zu laufen anfangen kann.

Art. 135. Die aus Verbrechen oder Übertretungen herrührende zivile Verantwortlichkeit verjährt in derselben Weise wie die übrigen Verpflichtungen gemäß den Vorschriften des Zivilrechts.

Zweites Buch.

Verbrechen und Strafen.

Erster Titel.

Verbrechen gegen die äußere Sicherheit dss Staates.

Erstes Kapitel.

Verrat.

Art. 136. Mit lebenslänglicher Kette oder mit dem Tode wird derjenige Spanier bestraft, welcher eine fremde Macht zur Kriegserklärung gegen Spanien verleitet oder sich zum gleichen Zwecke mit ihr verabredet, falls der Krieg tatsächlich erklärt wird; im anderen Falle tritt Bestrafung mit zeitlicher Kette im Mittelmaße bis lebenslänglich ein.

Art. 137. Mit lebenslänglicher Kette oder mit dem Tode wird bestraft:

1. Derjenige Spanier, welcher dem Feinde den Eintritt in das Königreich, die Wegnahme eines Platzes, eines militärischen Postens, eines staatlichen Schiffes oder eines Proviant- resp. Waffenmagazines desselben erleichtert.

2. Derjenige Spanier, welcher eine spanische oder in spanischen Diensten stehende Truppe, die sich im Felde befindet, dazu verleitet, zum Feinde überzugehen oder ihre Fahnen zu verlassen.

3. Derjenige Spanier, welcher in Spanien Truppen aushebt, um gegen das Vaterland unter den Fahnen einer fremden Macht Krieg zu führen.

Die in den vorigen Nummern aufgezählten Verbrechen werden, auch wenn sie fehlgeschlagen sind, ebenso bestraft, als wenn sie vollendet wären; der Versuch dagegen mit der um ein Maß niedrigeren Strafe.

Art. 138. Mit zeitlicher Kettenstrafe im Höchstmaße oder mit dem Tode wird bestraft:

1. Derjenige Spanier, welcher unter feindlicher Fahne die Waffen gegen seine Vaterland ergreift.

2. Derjenige Spanier, welcher in Spanien Mannschaften für den Dienst einer fremden Macht aushebt in dem Falle, daß diese nicht direkten Anteil am Kriege gegen Spanien nehmen.

3. Derjenige Spanier, welcher die Truppen einer feindlichen Macht mit Geld, Waffen, Fahrzeugen, Proviant oder Kriegsmaterial unterstützt, die zum Kriege gegen Spanien direkt dienen sollen oder dienen können oder dem Fortschritt der feindlichen Waffen auf eine im vorigen Artikel nicht erwähnte Art und Weise Vorschub leistet.

4. Derjenige Spanier, welcher dem Feinde Festungspläne oder Karten, Dokumente oder Nachrichten verschafft, welche direkt zum selben Zweck, nämlich zu Feindseligkeiten gegen Spanien oder zum Fortschritt der feindlichen Waffen führen.

5. Derjenige Spanier, welcher zu Kriegszeiten die einheimischen Truppen am Empfang der in Nummer 3 erwähnten Hilfsmittel oder der in Nummer 4 angegebenen Schriftstücke oder Nachrichten hindert.

Art. 139. Die Verabredung zu irgend einem der in den vorigen drei Artikeln aufgezählten Verbrechen wird mit Zuchthaus I bestraft; der Vorschlag zur Begehung der nämlichen Delikte mit Besserungs-Zuchthaus.

Art. 140. Der Ausländer, welcher in spanischem Gebiete wohnhaft irgend eines der in den vorigen Artikeln erwähnten Verbrechen begeht, wird mit der unmittelbar niedrigeren Strafe, wie der angegebenen belegt, unbeschadet jedoch der Verträge oder völkerrechtlichen Bestimmungen über diplomatische Vertreter.

Art. 141. Mit den um ein Maß niedrigeren Strafen wie die eben erwähnten, werden diejenigen bestraft, welche die in den vorigen Artikeln bezeichneten Verbrechen gegen eine mit Spanien verbündete Macht, welche sich im Felde gegen den gemeinsamen Feind befindet, begehen.

Art. 142. Mit lebenslänglicher Kette oder mit dem Tode werden die Minister der Krone bestraft, welche unter Verletzung des Artikels 74 der Verfassung ein Dekret autorisieren, welches

1. irgend einen Teil des spanischen Gebietes veräußert, abtritt oder umtauscht.

2. Fremden Truppen den Eintritt in das Königreich gestattet.

3. Verträge bez. offensive Bündnisse ratifizieren, welche den Krieg Spaniens mit einer anderen Macht hervorgerufen haben.

Art. 143. Mit zeitlicher Kette im Mittelmaße bis lebenslänglich, sollen die im vorigen Artikel erwähnten Personen bestraft werden, die unter Verletzung des Artikels 74 der Verfassung einem Dekret Gültigkeit verschafft haben, welches

1. Verträge über ein Offensivbündnis, die nicht zum Kriege Spaniens mit einer anderen Macht geführt haben, bestätigt.

2. Verträge bestätigt, in welchen die Zahlung von Hilfsgeldern an eine fremde Macht vereinbart worden ist.

Zweites Kapitel.

Verbrechen, welche den Frieden oder die Unabhängigkeit des Staates gefährden.

Art. 144. Mit zeitlicher Verbannung ohne Zwangsaufenthalt wird derjenige Geistliche bestraft, welcher in Ausübung seines Amtes Bullen, Breven, Erlasse des päpstlichen Hofes oder andere Anordnungen oder Verfügungen veröffentlicht oder ausführen läßt, welche den Frieden oder die Unabhängigkeit des Staates angreifen oder sich in Widerspruch mit der Befolgung der Gesetze setzen oder deren Nichtbeachtung herausfordern.

Der Laie, welcher geziemete Befehle ausführt, soll mit Besserungsgefängnis im Mindest- oder Mittelmaße und Geldstrafe von 250 bis 2500 Pesetas bestraft werden.

Art. 145. Mit Besserungs-Gefängnis im Mindest- bis Mittelmaße und Geldstrafe von 250—2500 Pesetas soll derjenige bestraft werden, welche irgend welche Befehle, Verfügungen oder Anordnungen einer ausländischen Regierung, welche die Sicherheit oder Unabhängigkeit des Staates angreifen, in dem Königreich einführt, veröffentlicht oder zur Ausführung bringt. Haben sich jedoch aus diesem Verbrechen andere schwerere als direkte Folge ergeben, so werden die Schuldigen als Urheber letzterer bestraft.

Art. 146. Sind die in den zwei vorhergehenden Artikeln genannten Verbrechen von einem Beamten des Staates unter Mißbrauch seines Amtscharakters oder seiner amtlichen Funktionen begangen worden, so soll zu den bereits erwähnten Strafen noch die dauernde absolute Unfähigkeit treten.

Art. 147. Wer durch ungesetzliche oder nicht in genügender Weise genehmigte Handlungsweisen eine Kriegserklärung von Seiten einer anderen Macht gegen Spanien verursacht oder hervorruft, oder Spanier ausweist, um Repressalien oder Bedrückungen hinsichtlich ihrer Person oder Güter auszuüben, wird, falls er Beamter des Staates war, mit zeitlicher Zwangsarbeit, im anderen Falle mit Gefängnis I bestraft.

Ist die Kriegserklärung nicht erfolgt oder sind die Repressalien und Bedrückungen nicht tatsächlich geschehen, so tritt die um ein Maß niedrigere Bestrafung ein.

Art. 148. Mit zeitlicher Zwangsarbeit soll bestraft werden, wer den zwischen Spanien und einer anderen feindlichen Macht oder zwischen ihren zu Wasser und zu Lande Krieg führenden Truppen abgeschlossenen Vertrag oder Waffenstillstand verletzt.

Art. 149. Mit Gefängnis I und dauernder Unfähigkeit für das Amt, welches er vertritt, soll derjenige öffentliche Beamte bestraft werden, welcher unter Mißbrauch seines Amtes der Würde oder den Interessen der spanischen Nation auf irgend eine nicht in diesem Kapitel aufgezählte Art und Weise zuwiderhandelt.

Art. 150. Mit Gefängnis I und Geldstrafe von 5000—50 000 Pesetas wird derjenige bestraft, welcher ohne genügende Ermächtigung (autorizacion bastante) im Königreiche Truppen zum Dienste einer fremden Macht aushebt, ohne Unterschied des Zieles, welches er sich stellt oder der Nation, mit welcher er Feindseligkeiten vorhat.

Mit zeitlicher Zwangsarbeit und Geldstrafe von 2500 - 25 000 Pesetas wird derjenige bestraft, welcher ohne genügende Ermächtigung Schiffe zur Kaperei ausrüstet.

Art. 151. Wer zu Kriegszeiten mit dem Feinde oder dem von ihm besetzten Lande in Briefwechsel steht, wird bestraft:

1. Mit Gefängnis I, falls der Briefwechsel in Chiffre oder verabredeten Zeichen stattgefunden hat.

2. Mit Besserungs-Gefängnis, wenn es in der üblichen Form geschah, die Regierung ihn aber verboten hat.

3. Mit zeitlicher Zwangsarbeit, wenn in ihm Winke oder Zeichen gegeben waren, von denen der Feind Nutzen ziehen könnte, gleichgültig, welches die Form war, auch dann, wenn kein Verbot der Regierung vorherging.

In gleicher Weise wird derjenige bestraft, welcher die in diesem Artikel aufgezählten Verbrechen begeht, die Korrespondenz aber, um das Gesetz zu umgehen, über ein befreundetes oder neutrales Land leitete.

Die Vorschriften der Artikel 137 und 138 treten dagegen in Kraft, wenn der Schuldige ausdrücklich sich vorgenommen hatte, dem Feinde durch seine Winke oder Nachrichten zu nützen.

Art. 152. Mit Arrest I nnd Geldstrafe von 150—1500 Pesetas wird derjenige Spanier bestraft, welcher trotz des Verbotes der Regierung in feindliches Land überzutreten versucht hat.

Drittes Kapitel.

Verbrechen gegen das Völkerrecht.

Art. 153. Mit zeitlicher Zwangsarbeit im Höchstmaße oder mit dem Tode wird derjenige bestraft, welcher einen Monarchen oder das Oberhaupt eines anderen Staates, welches sich in Spanien aufhält, tötet.

Mit zeitlichem Zwangsaufenthalt wird derjenige bestraft, welcher genannten Personen schwere Verletzungen beibringt; mit Gefängnis I, falls die Verletzungen leichte waren.

Letztgenannte Strafe findet auf diejenigen Anwendung, welche gegen die nämlichen Personen irgend einen anderen in den vorhergehenden Paragraphen nicht erwähnten tätlichen Angriff begehen.

Art. 154. Mit Besserungs-Gefängnis wird derjenige bestraft, welcher die persönliche Unverletzbarkeit oder das Domizil eines Monarchen oder eines andern in Spanien offfziell empfangenen staatlichen Oberhauptes oder des Repräsentanten einer fremden Macht verletzt.

Falls die in diesem Artikel aufgezählten Verbrechen in dem Gesetz des Landes, denen die verletzten Person angehören, keine reziproke Bestrafung finden, so soll den Delinquenten diejenige Strafe treffen, welche in Übereinstimmung mit den Vorschriften dieses Gesetzbuches in Anwendung zu kommen hätte, falls die verletzte Person nicht den im vorigen Abschnitt erwähnten offiziellen Charakter gehabt hätte.

Viertes Kapitel.

Seeräuberei.

Art. 155. Mit zeitlicher bis lebenslänglicher Kette soll die Seeräuberei bestraft werden, wenn sie gegen Spanier oder Angehörige einer sich nicht im Kriege mit Spanien befindlichen Macht begangen wird.

Zuchthausstrafe I tritt dagegen ein, wenn das Verbrechen gegen nicht kriegführende Untertanen einer fremden, sich aber im Kriegszustande mit Spanien befindlichen Macht begangen wird.

Art. 156. Mit lebenslänglicher Kette oder mit dem Tode werden diejenigen bestraft, welche die im ersten Abschnitt des vorigen Artikels begangenen Verbrechen verüben und mit zeitlicher bis lebenslänglicher Kette diejenigen, welche sich die im zweiten Abschnitte desselben Artikels besprochenen Verbrechen zu Schulden kommen lassen, falls:

1. sie sich irgend eines Fahrzeuges durch Übersteigen oder Beschießens bemächtigt haben.

2. Das Verbrechen von Mord, Tötung oder irgend einer der in den Artikeln 429 und 430, sowie in den Nummern 1 und 2 des Artikels 431 aufgezählten Verletzungen begleitet ist.

3. Das Verbrechen von irgend einem der in Kapitel II Titel IX dieses Buches aufgezählten Sittlichkeitsverbrechen begleitet ist.

4. Die Piraten die angegriffenen Personen ohne Rettungsmittel gelassen haben.

5. In allen Fallen der seeräuberische Kapitän oder Schiffsherr (patrón).

Zweiter Titel.

Verbrechen gegen die Verfassung.

Erstes Kapitel.

Majestätsbeleidigungen, Verbrechen gegen die Cortes, gegen den Ministerrat und die Regierungsform.

Erster Abschnitt.

Majestätsbeleidigung.

Art. 157. Mit lebenslänglicher Zwangsarbeit oder mit dem Tode wird der Königsmörder bestraft.

Art. 158. Mit zeitlicher Zwangsarbeit im Höchstmaße oder mit dem Tode wird das im vorigen Artikel besprochene Verbrechen bestraft, falls es fehlgeschlagen oder nur versucht ist.

Die Verabredung mit zeitlicher Zwangsarbeit.

Der Vorschlag endlich mit Gefängnis I.

Art. 159. Mit zeitlicher bis lebenslänglicher Zwangsarbeit wird bestraft:

1. Wer den König seiner persönlichen Freiheit beraubt.

2. Wer denselben durch schwere Gewalt oder Einschüchterung zur Ausführung einer Tat gegen seinen Willen zwingt.

3. Wer demselben schwere, im ersten Abschnitt des Artikels 158 nicht einbegriffene Verletzungen beibringt.

Art. 160. Falls jedoch in den Fällen 2 und 3 des vorigen Artikels die Gewalt, Einschüchterung oder Verletzungen keine schwere waren, so trifft den Schuldigen nur die Strafe der zeitlichen Zwangsarbeit.

Art. 161. Zeitliche Zwangsarbeit trifft auch denjenigen, welcher:

1. den König in seiner Gegenwart beleidigt oder bedroht,

2. mit Gewalt in den Wohnaufenthalt des Königs dringt,

Art. 162. Mit Gefängnis I und Geldstrafe von 500 - 5000 Pesetas wird derjenige bestraft, welcher den König schriftlich oder öffentlich in seiner Abwesenheit beleidigt oder bedroht.

Sind die Beleidigungen oder Bedrohungen in irgend einer anderen Form gefallen, so tritt Besserungs-Gefängnis im Mittelmaße bis Haft I im Mindestmaße ein, wenn erstere schwerer Natur waren; waren sie leichter Natur Arrest I im Mittelmaße bis Besserungs-Gefängnis im Mindestmaße.

Art. 163. Mit zeitlicher Zwangsarbeit im Höchstmaße oder mit dem Tode wird bestraft, wer den unmittelbaren Nachfolger der Krone oder den Regenten des Königreiches tötet.

Das fehlgeschlagene oder nur versuchte Verbrechen wird mit zeitlicher Zwangsarbeit oder mit dem Tode bestraft.

Die Verabredung mit Gefängnis I im Mittel- bis Höchstmaße.

Der Vorschlag endlich mit Besserungs-Gefängnis im Höchstmaße bis Gefängnis I im Mindestmaße.

Art. 164. Sind die in den vorhergehenden Artikeln dieses Abschnittes behandelten Verbrechen, mit Ausnahme der im vorigen Artikel besprochenen, gegen den unmittelbaren Thronnachfolger, den königlichen Ehegemahl oder den Regenten des Königreiches begangen worden, so tritt eine um ein Maß niedrigere Bestrafung ein.

Zweiter Abschnitt.

Verbrechen gegen die Cortes und ihre Angehörigen, sowie gegen den Ministerrat.

Art. 165. Mit zeitlicher Verbannung, mit Zwangsaufenthalt im Lande im Höchstmaße bis lebenslänglich werden diejenigen Mitglieder der königlichen Familie, diejenigen Minister, Behörden oder Beamte des Militär- und Zivilstandes bestraft, welche, wenn die Krone unbesetzt oder der König irgendwie außer Stande ist, die Staatsregierung zu leiten, die Cortes an ihrer Versammlung oder in ihrem Rechte, dem minderjährigen König einen Vormund zu ernennen oder dem Königreiche eine Regentschaft zu erwählen, hindern, oder endlich der Regentschaft den Gehorsam verweigern, nachdem dieselbe vor den Cortes geschworen hat, die Verfassung und die Gesetze zu wahren.

Art. 166. Die Minister trifft zeitliche Verbannung mit Zwangsaufenthalt:

1. Falls der König der verfassungsmäßigen Bestimmung, die Cortes alljährlich bis spätestens 1. Februar zusammenzuberufen, nicht nachkommt.

2. Falls der König der verfassungsmäßigen Bestimmung, die Cortes alle Jahre mindestens vier Monate versammelt zu halten, nicht nachkommt. Die Zeit bis zur Konstituierung wird hierbei jedoch nicht mitgerechnet.

3. Falls eine der gesetzgebenden Körperschaften zusammengetreten ist, ohne daß es die andere getan hat, ausgenommen den Fall, daß der Senat als Gericht sich konstituiert hat.

4. Wenn sie ein königliches Dekret zur Auflösung der einen oder anderen gesetzgebenden Körperschaft unterzeichnet und in diesem Dekret die Einberufung der Cortes für die nächsten drei Monate nicht enthalten ist.

5. Falls sie ein Dekret unterzeichnen, welches die Auflösung der Cortes ohne Zustimmung dieser verfügt und mehr wie einmal in derselben gesetzgebenden Periode.

Art. 167. Mit zeitlicher Verbannung mit Zwangsaufenthalt, falls die Cortes vereinigt sind, wird derjenige bestraft, welcher mit Gewalt oder Drohung in den Palast einer der gesetzgebenden Körperschaften eindringt.

Art. 168. Mit Verschickung werden diejenigen bestraft, welche Kundgebungen oder irgendwelche andere Versammlungen unter freiem Himmel oder in der Nähe des Palastes einer der gesetzgebenden Körperschaften einberufen, leiten oder ihnen präsidieren, wenn die Cortes eröffnet sind.

Als Einberufer oder Leiter besagter Kundgebungen oder Versammlungen werden diejenigen angesehen, welche durch gehaltene Reden, Druckschriften, welche sie während der Versammlungen veröffentlichen oder verteilen, durch Fahnen oder andere Zeichen, welche sie sehen lassen oder durch irgendwie andere Handlungen als treibende Kräfte der Vorkommnisse bei den Versammlungen gelten können.

Art. 169. Mit Ortsverweisung sollen diejenigen bestraft werden, welche ohne im vorigen Artikel einbegriffen zu sein, an den Versammlungen unter freiem Himmel, um welche es sich handelt, teilgenommen haben.

Art. 170. Mit zeitlicher Verbannung mit Zwangsaufenthalt sollen diejenigen bestraft werden, welche zu einer bewaffneten Macht gehörend, in den Palast einer der gesetzgebenden Körperschaften einzudringen versuchen, um persönlich und in Gemeinschaft den Cortes Petitionen zu überreichen.

Art. 171. Mit Verschickung sollen diejenigen bestraft werden, welche ohne zu einer bewaffneten Macht zu gehören, in den Palast einer der gesetzgebenden Körperschaften einzudringen versuchen, um den Cortes Petitionen zu überreichen.

Mit Ortsverweisung soll derjenige bestraft werden, welcher allein in den Palast einzudringen versucht, um persönlich eine oder mehrere Petitionen zu überreichen.

Art. 172. Ebenfalls sollen diejenigen mit Verschickung bestraft werden, welche zu einer bewaffneten Macht gehörend, gemeinsam einer der gesetzgebenden Körperschaften Petitionen einreichen oder einzureichen versuchen, auch wenn sie dies nicht persönlich getan haben.

Gleicher Strafe sollen diejenigen verfallen, welche als unter Zugehörigkeit zu einer bewaffneten Macht, einzeln Petitionen einreichen oder einzureichen versuchen unter Verletzung der Vorschriften ihrer Behörde, soweit sie hiermit in Verbindung stehen.

Die in diesem und im Artikel 170 angezeigten Strafen sollen in ihren entsprechenden Höchstmaßen auferlegt werden, wenn die Täter irgendwelche Befehlsgewalt in der bewaffneten Macht haben.

Art. 173. Mit zeitlicher Verbannung mit Zwangsaufenthalt soll bestraft werden, wer eine der gesetzgebenden Körperschaften während der Sitzungszeit oder eine ihrer Kommissionen bei den öffentlichen Handlungen schwer beleidigt, in denen sie vertreten sind.

Ist die Beleidigung weniger schwer, so tritt Verschickung ein.

Art. 174. Verschickung trifft ebenfalls diejenigen, welche:

1. In schwerer Weise die Ordnung der Sitzungen bei den gesetzgebenden Körperschaften stören.

2. Bei gleicher Gelegenheit einen der Deputierten oder Senatoren beschimpfen oder bedrohen.

3. Außerhalb der Sitzungen einen Senator oder Deputierten wegen seiner Meinungsäußerungen oder abgegebenen Stimmen im Senate oder Kongreß beleidigen oder bedrohen.

4. Gewalt, Einschüchterung oder schwere Drohung anwenden, um einen Deputierten oder Senator daran zu hindern, den Sitzungen der gesetzgebenden Körperschaft, zu welcher sie gehören, beizuwohnen oder durch dieselben Mittel die freie Meinungsäußerung oder Abgabe ihrer Stimme zu unterbinden.

Bei den in Nummer 2, 3 und 4 dieses Artikels vorgesehenen Fällen wird die Herausforderung zum Duell als schwere Beleidigung angesehen.

Art. 175. Ist die Ordnungsstörung bei der Sitzung, die Beleidigung, Drohung, Gewalt oder Einschüchterung, von denen der vorige Artikel spricht, keine schwere, so trifft den Schuldigen Ortsverweisung und Geldstrafe von 125 bis 1250 Pesetas.

Art. 176. Beim Rückfall werden die in den Artikeln 168 bis 175 einschließlich angegebenen Strafen im Höchstmaße verhängt.

Art. 177. Der öffentliche Beamte, welcher, solange als die Córtes eröffnet sind, einen Deputierten oder Senator gefangen setzt oder ihm den Prozeß ohne Erlaubnis der betreffenden gesetzgebenden Körperschaft macht, wird mit spezieller zeitlicher Unfähigkeit bestraft; es sei denn, daß er denselben in flagranti ertappt.

Der gleichen Strafe soll derjenige Richter verfallen, welcher, wenn ein Verfahren gegen einen Deputierten oder Senator eingeleitet ist, in Verfolgung des Prozesses und ohne die im vorigen Abschnitte behandelte Erlaubnis, den Urteilsspruch vollstrecken läßt, ohne daß die gesetzgebende Körperschaft, welcher der Prozessierte angehört, ihre Einwilligung zur Vollstreckung gegeben hätte.

Mit der gleichen Strafe der zeitlichen speziellen Unfähigkeit sollen die Verwaltungs- oder richterlichen Beamten bestraft werden, welche einen Senator oder Deputierten, den sie in flagranti gefaßt haben, verhaften, ohne den Cortes, falls dieselben eröffnet sind, unverzüglich Meldung zu erstatten, oder es unterlassen, den Cortes, sobald dieselben zusammengetreten sind, von der angeordneten Verhaftung eines ihrer Mitglieder Bericht zu erstatten oder auch Mitteilung von einem Prozeß machen, welchen sie während des Ruhens der Sitzungen angestrengt hatten.

Art. 178. Mit zeitlicher Verbannung mit Zwangsaufenthalt werden diejenigen bestraft, welche:

1. Mit Gewalt oder Drohung in das Lokal eindringen, wo der Ministerrat sich versammelt hat oder seine Beratungen abhält.

2. Durch irgend ein Mittel die Freiheit der zum Staatsrat versammelten Minister unterbinden oder ihnen Schwierigkeiten bereiten.

Art. 179. Mit Verschickung werden diejenigen bestraft, welche:

1. Die zu Beratungen versammelten Minister beschimpfen, beleidigen oder schwer bedrohen.

2. Gewalt oder schwere Drohungen anwenden, um einen Minister zu verhindern, dem Staatsrate beizuwohnen.

Art. 180. Ist die Schmähung, Beleidigung, Drohung, Gewalt oder Einschüchterung, von denen die vorhergehenden Artikel sprechen, keine schweren gewesen, so soll den Schuldigen die Strafe im Mindestmaße treffen.

Die Herausforderung zum Zweikampf gilt stets als schwere Drohung.

Dritter Abschnitt.

Verbrechen gegen die Verfassungsform.

Art. 181. Ein Delikt gegen die durch die Verfassung aufgestellte Regierungsform begehen diejenigen, welche irgendwie Akte oder Handlungen ausführen, welche direkt darauf hinzielen, auf gewaltsamem oder nicht gesetzlichem Wege irgend eines folgender Ziele zu erreichen:

1. Die monarchisch-konstitutionelle Regierung durch eine absolut monarchische oder republikanische zu ersetzen.

2. Irgend eine der gesetzgebenden Körperschaften, den König, den Regenten oder die Regentschaft, entweder aller oder eines Teiles ihrer von der Verfassung zugestandenen Vorrechte oder Befugnisse zu berauben.

3. Den gesetzmäßigen Gang der Thronfolge umzustoßen oder die Dynastie der ihr von der Verfassung zugestandenen Rechte zu berauben.

4. Den Vater oder, falls dieser nicht vorhanden, die Mutter des Königs, oder mangels dieser beiden Personen den Ministerrat, an der Befugnis hindern, das Königreich provisorisch, bis die Cortes die Regentschaft ernannt haben, zu regieren, falls der König außer stande ist, seine Machtbefugnisse auszuüben oder die Krone unbesetzt ist, weil der unmittelbare Thronnachfolger unmündig ist.

Art. 182. Außerdem verstoßen gegen die Regierungsform diejenigen, welche:

1. Bei politischen Kundgebungen, bei öffentlichen Versammlungen jeder Art, gelegentlich großer Volksansammlungen irgendwie „Hochs" (dieren vivas) oder andere Rufe ausbringen, welche Beifallsäußerungen hervorrufen sollen, die direkt zur Erreichung irgend eines der vorigen Artikel aufgezählten Ziele berechnet sind.

2. Bei genannten Versammlungen oder Ansammlungen Reden halten, Schriftstücke verlesen oder verteilen, Fahnen und Abzeichen tragen, welche direkt zur Verwirklichung der im vorigen Artikel erwähnten Ziele herausfordern.

Art. 183. Außerdem verstoßen gegen die Regierungsform diejenigen öffentlichen Beamten, welche einer Anordnung oder einem Befehle Folge leisten, welchen der König in Ausführung seiner Machtstellung gegeben hat, ohne daß derselbe von den zustehenden Ministern gegengezeichnet ist.

Art. 184. Diejenigen, welche sich öffentlich mit Waffen oder mit der offenbar feindlichen Absicht empört haben, um irgend eines der in Art. 181 vorgesehenen Verbrechen zu begehen, sollen bestraft werden:

1. Mit zeitlicher Zwangsarbeit im Höchstmaße oder mit dem Tode, falls sie die Erhebung hervorgerufen, unterstützt, geleitet oder als ihre Hauptanführer aufgetreten sind.

2. Mit zeitlicher Zwangsarbeit oder mit dem Tode, falls sie in ihrer Eigenschaft als staatlich oder kirchlich angestellte Personen einen untergeordneten Posten bei den Aufständischen angenommen hatten, oder falls es zum Kampfe zwischen ihrer Macht und der der Regierung ergebenen Macht gekommen ist, oder die Aufständischen Verwüstungen an privatem, öffentlichem oder staatlichem Eigentum angerichtet hatten, Telegraphen- oder Eisenbahnlinien gestört, schwere Gewaltakte gegen Personen ausgeübt, Kontributionen auferlegt oder das öffentliche Vermögen seiner gesetzmäßigen Verwendung entzogen hatten.

In allen übrigen Fällen trifft den Schuldigen zeitliche Zwangsarbeit.

3. Die bloßen Ausführer der Erhebung mit Gefängnis I im Mittelmaße bis zu zeitlicher Zwangsarbeit im Mindestmaße bei den im ersten Abschnitte der vorigen Nummer vorgesehenen Fällen. Mit Gefängnis I dagegen allgemein bei den im zweiten Abschnitt derselben Nummer vorgesehenen Fällen.

Art. 185. Mit Gefängnis I werden diejenigen bestraft, welche, ohne sich mit Waffen oder in offener Feindseligkeit gegen die Regierung zu erheben, irgend eines der im erwähnten Art. 181 aufgezählten Verbrechen begehen.

Art. 186. Mit Ortsverweisung wird bestraft, wer irgend eines der im Art. 182 erwähnten Verbrechen begeht.

Art. 187. Mit zeitlicher spezieller Unfähigkeit wird der öffentliche Beamte bestraft, welcher sich eines der im Art. 183 aufgezählten Verbrechen schuldig macht.

Vierter Abschnitt.

Allgemeine Vorschriften zu den drei vorhergehenden Abschnitten.

Art. 188. Die Vorschriften in den Artikeln, welche dieses Kapitel umfaßt, gelten unbeschadet der in anderen Kapiteln dieses Gesetzbuches gegebenen Anordnungen, welche eine höhere Strafe auf irgend eine der in ihnen bestraften Taten setzen.

Zweites Kapitel.

Verbrechen, welche bei Ausübung der durch die Verfassung garantierten persönlichen Rechte begangen werden.

Erster Abschnitt.

Verbrechen, welche von Privatleuten gelegentlich der Ausübung der von der Verfassung garantierten persönlichen Rechte begangen werden.

Art. 189. Als friedliche Vereinigungen oder Kundgebungen gelten nicht:

1. Diejenigen, welche unter Verletzung der für den Ort, an welchem die Vereinigung oder Kundgebung stattfand, mit allgemeiner oder dauernder Giltigkeit gegebenen polizeilichen Bestimmungen abgehalten werden.

2. Vereinigungen unter freiem Himmel oder politische Kundgebungen, welche zur Nachtzeit stattfinden.

3. Vereinigungen oder Kundgebungen, zu welchen eine beträchtliche Anzahl von Bürgern mit Feuerwaffen, Lanzen, Säbeln, Degen oder anderen Kampfeswaffen sich einfindet.

4. Diejenigen Vereinigungen und Kundgebungen, welche mit der Absicht, irgend eines der in diesem Gesetzbuche bestraften Verbrechen zu begehen, abgehalten werden, oder bei deren Abhaltung irgend eines der im Titel III, Buch 2 bestraften Verbrechen begangen wird.

Art. 190. Mit Arrest I oder Geldstrafe von 125 bis 1250 Pesetas werden die Einberufer und Leiter irgend einer Versammlung oder Kundgebung bestraft, welche abgehalten wird, ohne daß der Behörde vierundzwanzig Stunden vorher Gegenstand, Zeit und Ort der Versammlung mitgeteilt worden ist.

Art. 191. Mit Besserungs-Gefängnis im Mindest- bis Mittelmaße und Geldstrafe von 125 bis 1250 Pesetas sollen die Einberufer und Leiter irgend einer der in den Fällen des Art. 189 aufgezählten Versammlungen oder Vereinigungen bestraft werden.

Art. 192. Eine um ein Maß niedrigere persönliche Bestrafung tritt ein, falls, in den Fällen der vorhergehenden Artikel, die Versammlung oder Kundgebung tatsächlich nicht abgehalten worden ist.

Art. 193. Hinsichtlich der Anwendung der Vorschriften in den vorhergehenden Artikeln gelten als Leiter der Versammlung oder Kundgebung diejenigen Personen, welche durch die Reden, welche sie in jenen gehalten, die Druckschriften, welche sie veröffentlicht oder verteilt, die Fahnen oder anderen Zeichen, welche sie hierbei vorgezeigt, oder durch irgendwelche andere Handlungen als die geistigen Urheber jener Taten anzusehen sind.

Art. 194. Die bloßen Teilnehmer dagegen der in Nummer 1 und 2 oder im ersten Falle der Nummer 4 des Artikels 189 genannten Versammlungen oder Kundgebungen werden mit Arrest I bestraft.

Art. 195. Mit der unmittelbar um ein Maß höheren Strafe sollen die Veranstalter, Leiter oder Teilnehmer irgend einer Versammlung oder Kundgebung bestraft werden, falls sie dieselbe auf die zweite Aufforderung der Behörde oder ihrer Organe nicht auflösen.

Art. 196. Mit Besserungs-Gefängnis im Mindest bis Mittelmaße werden diejenigen bestraft, welche zu Versammlungen oder Kundgebungen Feuerwaffen, Lanzen, Degen, Säbel oder andere blanke Kampfeswaffen mitbringen,

Art. 197. Begehen die Teilnehmer an Versammlungen oder Kundgebungen während der Dauer jener irgend ein in diesem Gesetzbuche mit Strafe belegtes Verbrechen, so trifft sie die auf das Verbrechen begangene gesetzte Strafe; auch können sie von der Behörde, ihren Organen oder im Notfall von irgend einem der Anwesenden sofort verhaftet werden.

Art. 198. Als unerlaubte Gesellschaften gelten:

1. Diejenigen, welche durch ihren Zweck oder die näheren Umstände der öffentlichen Sittlichkeit widersprechen.

2. Diejenigen, welche die Begehung irgend eines der in diesem Gesetzbuche bestraften Verbrechen zum Zweck haben.

Art. 199. Mit Besserungs-Gefängnis im Mindest- bis Mittelmaße und Geldstrafe von 125 bis 1250 Pesetas werden bestraft:

1. Die Gründer, Leiter und Vorsitzenden von Vereinigungen, welche in irgend einer Nummer des vorigen Artikels erwähnt werden.

Die persönliche Strafe ist um ein Maß niedriger, falls es nicht bis zur tatsächlichen Gründung gekommen ist.

2. Die Gründer, Leiter und Vorsitzenden von Gesellschaften, welche sich bilden, ohne die Ortsbehörde von ihrem Zwecke und ihren Statuten acht Tage vor der ersten Zusammenkunft oder vierundzwanzig Stunden von dem Orte der Zusammenkunft vor der diesbezüglichen Sitzung in Kenntnis gesetzt zu haben; selbst in dem Falle, daß ein anderer Ort als der ursprüngliche gewählt wird.

3. Die Direktoren und Vorsitzenden von Vereinen, welche der Behörde oder ihren Organen den Eintritt oder das Zugegensein bei den Sitzungen nicht gestatten.

4. Die Direktoren oder Vorsitzenden von Vereinen, welche auf die zweite Aufforderung hin, welche die Behörde oder ihre Organe zu diesem Zwecke erlassen, die Sitzung nicht schließen.

Art. 200. Mit Arrest I werden bestraft:

1. Die bloßen Mitglieder der in Artikel 198 genannten Vereine.

Ist der Verein nicht zur tatsächlichen Etablierung gelangt, so tritt Bestrafung mit öffentlichem Verweis und Geldstrafe von 125 bis 1250 Pesetas ein.

2. Die bloßen Vereinsmitglieder, welche das in Nummer 3 des vorhergehenden Artikels erwähnte Verbrechen begehen.

3. Die bloßen Mitglieder eines Vereins, welche auf die zweite Aufforderung der Behörde oder ihrer Agenten, die Sitzung zu schließen, sich aus derselben nicht entfernen.

Art. 201. Dagegen treffen die um ein Maß höheren Strafen wie die in den beiden vorhergehenden Artikeln bezeichneten, diejenigen Gründer, Leiter, Vorsitzenden oder Vereinsangehörigen, welche die Sitzung wieder eröffnen, nachdem sie von der Behörde oder ihren Agenten geschlossen war, solange nicht die Gerichtsbehörde die angeordnete Suspendierung für wirkungslos erklärt hat.

Art. 202. Mit Besserungs-Gefängnis im Mindest- bis Mittelmaß und Geldstrafe von 250 bis 2500 Pesetas sollen diejenigen bestraft werden, welche Unterrichtsanstalten gründen, die wegen ihrer Ziele oder anderer näherer Umstände der öffentlichen Moral widersprechen.

Art. 203. Mit Arrest I sollen bestraft werden:

1. Die Autoren, Direktoren, Herausgeber oder Drucker von heimlichen Veröffentlichungen in den entsprechenden Fällen.

Als solche gelten diejenigen, welche den Namen der Druckerei nicht angeben oder einen anderen Namen vorschieben.

2. In entsprechenden Fällen auch die Leiter, Herausgeber oder Drucker von periodischen Zeitschriften, welche vor dem Erscheinen derselben die Ortsbehörde nicht von dem Namen des Leiters in Kenntnis ge-setzt haben.

Gleiche Strafe trifft die in diesem Artikel erwähnten Personen, falls sie der Lokalbehörde nicht vor Beginn des periodischen Erscheinens den Namen des Herausgebers, wenn es einen gibt, mitteilen.

Zweiter Abschnitt.

Verbrechen, welche von öffentlichen Beamten gegen die Ausübung der durch die Verfassung geheiligten Rechte begangen werden.

Art. 204. Wer als öffentlicher Beamter unter Anmaßung richterlicher Befugnisse irgend eine Bestrafung, die einer persönlichen Strafe gleichkommt, verhängt, wird bestraft:

1. Mit zeitlicher absoluter Unfähigkeit, wenn die auferlegte Strafe gleichbedeutend mit einer entehrenden Strafe war.

2. Mit Suspension im Mittel- bis Höchstmaße, falls sie gleichbedeutend mit einer Besserungsstrafe war.

3. Mit Suspension im Mindest- bis Mittelmaße, wenn sie gleichbedeutend mit einer leichten Bestrafung war.

Art. 205. Ist die willkürlich auferlegte Strafe zur Ausführung gelangt, so trifft den schuldigen Beamten die gleiche Strafe und im selben Maße, wie die zu Unrecht auferlegte, außer den im vorigen Artikel bezeichneten Strafen.

Ist die Strafe jedoch aus einem, nicht vom Willen des schuldigen Beamten abhängigen Grunde, nicht zur Ausführung gekommen, so tritt eine um ein Maß niedrigere Bestrafung ein.

Art. 206. Ist dagegen die willkürlich auferlegte Strafe eine Geldstrafe, so soll der schuldige Beamte bestraft werden:

1. Mit absoluter zeitlicher Unfähigkeit und Geldstrafe von gleicher bis dreifacher Höhe, wenn die von ihm auferlegte Strafe nicht zur Ausführung gekommen war.

2. Mit Suspension im Mittel- bis Höchstmaße und Geldstrafe im halben bis ganzen Betrage, falls die Strafe aus einem nicht von seinem Willen abhängigen Grunde unterblieben ist.

3. Mit Suspension im Mindest- bis Mittelmaße, wenn die Strafe durch freiwilligen Widerruf desselben schuldigen Beamten nicht zur Ausführung gekommen ist.

Art. 207. Die in den drei vorhergehenden Artikeln bezeichneten Strafen treffen entsprechender Weise und gegebenen Falles auch diejenigen Zivil- und Militärbehörden oder Beamten, welche, auch wenn die verfassungsmäßigen Garantien aufgehoben sind, für irgend eine Art von Verbrechen ein anderes Strafverfahren oder Strafe festsetzen, als wie es vorher vom Gesetze vorgeschrieben war; gleicher Strafe verfallen auch diejenigen, welche sie zur Anwendung bringen.

Art. 208. Mit Suspension im Mittel- bis Höchstmaße soll diejenige richterliche Behörde bestraft werden, welche unberechtigter Weise eine Strafsache einer anderen Behörde, militärischen oder Verwaltungsbeamten überträgt, welcher dieselbe ungesetzmäßiger Weise für sich in Anspruch nimmt.

Mit der im Maße unmittelbar höheren Strafe soll diejenige Behörde, derjenige militärische oder Verwaltungsbeamte bestraft werden, welcher auf seiner Forderung der unberechtigten Übertragung des Prozesses besteht.

Art. 209. Wenn auch die Person des Angeklagten gefordert und übergeben ist, so tritt eine um ein Maß höhere Bestrafung, wie die im vorigen Artikel angeordnete ein.

Art. 210. Derjenige öffentliche Beamte, welcher einen Bürger verhaftet, falls es nicht eines Verbrechens wegen geschieht und die verfassungsmäßigen Rechte nicht aufgehoben sind, soll, falls die Freiheitsberaubung drei Tage nicht überschritt, mit Geldstrafe von 125 bis 1250 Pesetas bestraft werden; mit Suspension im Mindest- bis Mittelmaße, falls sie länger wie drei, aber nicht länger wie fünfzehn Tage dauerte; mit Suspension im Höchstmaße bis zeitlicher absoluter Unfähigkeit im Mittelmaße, falls die Freiheitsberaubung fünfzehn Tage überstieg, aber einen Monat nicht erreichte; mit Besserungs-Gefängnis im Höchstmaße bis Gefängnis im Mindestmaße, falls dieselbe einen Monat, aber kein Jahr, überschritten hatte und mit Gefängnis I im Mittelmaße bis zu zeitlicher Zwangsarbeit in ihrer ganzen Ausdehnung, wenn die Freiheitsberaubung ein Jahr überschritten hatte.

Art. 211. Der öffentliche Beamte, welcher die Vollstreckuug eines richterlichen Befehls aufschiebt, um einen Gefangenen oder Verhafteten, der zu seiner Verfügung stand, in Freiheit gelangen zu lassen (aktiv oder passiv), soll unter Berücksichtigung der Zeit des Aufschubes mit den unmittelbar um ein Maß höheren Strafen, wie die im vorigen Artikel bezeichneten bestraft werden.

Art. 212. In gleicher Weise soll mit den unmittelbar um ein Maß höheren Strafen, wie den in Artikel 210 bezeichneten, derjenige öffentliche Beamte bestraft werden, welcher, ohne der richterlichen Behörde anzugehören und ohne daß die verfassungsmäßigen Rechte aufgehoben sind, einen Bürger wegen eines Verbrechens verhaftet und ihn nicht innerhalb vierundzwanzig Stunden nach seiner Verhaftung zur Verfügung der zuständigen richterlichen Behörde stellt.

Art. 213. In entsprechenden Fällen sollen mit denselben Strafen belegt werden:

1. Der Direktor des polizeilichen Gewahrsams (alcaide de cárcel), resp. Gefängnisses oder jedweder andere öffentliche Beamte, welcher

einen Bürger als Gefangenen annimmt und nicht innerhalb von vierundzwanzig Stunden der richterlichen Behörde Mitteilung macht.

2. Der Direktor des polizeilichen Gewahrsams oder Gefängnisses sowie jeder öffentliche Beamte, welcher einen Verhafteten, der nicht innerhalb der folgenden zweiundsiebzig Stundcn, nachdem seine Verhaftung zur Kenntnis der Behörde gelangt ist, ins Gefängnis überführt worden ist, in Freiheit setzt.

3. Der Direktor des polizeilichen Gewahrsams oder Gefängnisses sowie jeder öffentliche Beamte, welcher ohne richterlichen Befehl einen Bürger als verhafteten aufnimmt oder ihn länger als zweiundsiebzig Stunden nach seiner Einlieferung unter solchen Umständen in Haft behält; oder falls der Haftbefehl ihm mitgeteilt, während der besagten Zeit die bestätigte Ausfertigung nicht übergeben ist.

4. Der Direktors des polizeilicher Gewahrsams resp. Gefängnisses sowie jeder öffentliche Beamte, welcher der richterlichen Behörde eine Verhaftung verheimlicht.

5. Der Direktor des polizeilichen Gewahrsams oder Chef einer Strafanstalt, welcher ohne Auftrag der richterlichen Behörde einen Verhafteten oder Verurteilten ohne Verkehr mit der Außenwelt oder in einem ihm nicht zukommenden Gewahrsam hält.

6. Der Direktor des polizeilichen Gewahrsams oder Chef einer Strafanstalt, welcher den Verhafteten oder Verurteilten unverschuldeten Entziehungen auferlegt oder mit unnötiger Härte gegen sie verfährt.

7. Der Direktor des polizeilichen Gewahrsams oder Chef einer Strafanstalt, welcher einem Verhafteten oder Gefangenen oder wer sich ihm diesbezüglich vorstellt, ein Zeugnis seiner Haft oder Einbehaltung verweigert oder einem Gesuch mit der Bitte um Freilassung keine Beförderung zu Teil werden läßt.

8. Der Chef einer Strafanstalt, welcher einen Bürger in der Anstalt zurückbehält, nachdem er amtlich von der Begnadigung oder dem Verbüßen seiner Strafe Nachricht erhalten hat.

Art. 214. Mit Suspension im Mindest- bis Mittelmaß sollen bestraft werden:

1, Diejenige richterliche Behörde, welche einen verhafteten Bürger nicht innerhalb 72 Stunden, nachdem derselbe zur Verfügung der Behörde gestellt worden ist, freiläßt oder durch eine begründete Erklärung in offizielle Haft setzt.

2. Diejenige richterliche Behörde, welche innerhalb 72 Stunden, nachdem der Verhaftungsbefehl angeordnet, den Verhaftungsbefehl nicht bestätigt oder denselben aufhebt.

3. Diejenige richterliche Behörde, welche außer in den zwei eben erwähnten Fällen, einen Bürger, dessen Freilassung bevorsteht, zurückbehält.

4. Diejenige richterliche Behörde, welche die Abschließung (incomunicación) eines Gefangenen unberechtigter Weise anordnet oder verlängert.

5. Der Schreiber oder Gehülfe des Richters oder Gerichtes, welcher den in Nummer 1 dieses Artikels festgesetzten Zeitraum verstreichen läßt, ohne dem Verhafteten den Befehl, welcher ihn in Haft setzt oder die Verhaftung aufhebt, mitzuteilen.

6. Der Schreiber oder Gehülfe des Richters oder Gerichtes, welcher unberechtigter Weise die Mitteilung des richterlichen Beschlusses verschleppt, welcher die Enthaftung eines Gefangenen anordnet oder die Abschließung vom Verkehr mit der Außenwelt vorsieht.

7. Der Schreiber oder Gehülfe des Richters oder Gerichtes, welcher absichtlich verzögert, den Gerichten von irgend einem Gesuch Mitteilung zu machen, welches der Verhaftete oder sein Stellvertreter einreicht, um seine Freiheit zu erlangen.

Wenn die Verzögerungen, auf welche sich die vorigen Nummern beziehen, mehr als einen Monat gedauert, aber drei Monate nicht überschritten haben, sollen die Betreffenden in dem entsprechenden Falle mit Suspension im Höchstmaße bis zeitlicher absoluter Unfähigkeit im Mittelmaße und Geldstrafe von 150—1250 Pesetas bestraft werden; falls diese Zeit überschritten ist, tritt Bestrafung mit absoluter dauernder Unfähigkeit und Geldstrafe von 500—5000 Pesetas ein.

Art. 215. Mit Suspension im Mindest- bis Mittelmaß und Geldstrafe von 125—1250 Pesetas sollen bestraft werden:

1. Derjenige öffentliche Beamte, welcher ohne einer richterlichen Behörde anzugehören und ohne daß die verfassungsmäßigen Rechte aufgehoben sind, in die Wohnung eines Spaniers oder eines Fremden ohne dessen Einwilligung eindringt, außer in den im ersten und vierten Abschnitte des 5. Artikels der Verfassung vorgesehenen Fällen und den nötigen Erfordernissen.

2. Derjenige öffentliche Beamte, welcher, ohne einer richterlichen Behörde anzugehören und ohne daß die verfassungsmäßigen Rechte aufgehoben sind, die Papiere oder Effekten, welche sich in der Wohnung eines Bürgers oder eines Fremden befinden, durchsucht, falls nicht der Besitzer seine Einwilligung hierzu gegeben hat.

Erhöht wird diese Strafe um unmittelbar ein Maß, falls er dem Besitzer nicht sofort nach Durchsicht die durchsuchten Papiere oder Effekten zurückgibt.

Nimmt er sie jedoch dem Besitzer fort und eignet sie sich an, so wird er als schuldig des Raubes unter Gewalt gegen Personen bestraft.

3. Derjenige öffentliche Beamte, welcher gelegentlich der Durchsicht von Papieren oder Effekten eines Bürgers irgend eine andere ungerechte Schikane gegen die Person oder unnötige Beschädigung von Gütern derselben verübt.

Sind dagegen die in den drei vorhergehenden Nummern bestraften Verbrechen des Nachts begangen worden, so tritt Suspension im Mittel- bis Höchstmaße und Geldstrafe von 250 bis 2500 Pesetas ein, unbeschadet der Vorschriften in den Abschnitten 2 und 3 der Nummer 2, hinsichtlich deren Bestrafung um unmittelbar ein Maß höher zu erfolgen hat, als in jenen angegeben ist.

Art. 216. Mit Suspension im Mindest- bis Mittelmaß und Geldstrafe von 125 bis 1250 Pesetas wird diejenige richterliche Behörde bestraft, welche außer in den in Abschnitt drei und vier des Artikels 5 der Verfassung aufgezählten Fällen und ohne daß die verfassungsmäßigen Rechte aufgehoben sind, nachts in die Wohnung eines Spaniers oder eines Fremden ohne dessen Einwilligung eindringt.

Art. 217. Derselben Strafe soll diejenige richterliche Behörde verfallen, welche nachts die Papiere und Effekten eines Spaniers oder eines Fremden in dessen Wohnung ohne seine Einwilligung durchsucht.

Art. 218. Mit Geldstrafe von 125 bis 1250 Pesetas soll derjenige öffentliche Beamte bestraft werden, welcher, ohne einer richterlichen Behörde anzugehören, die der Post anvertraute Privatkorrespondenz zurückbehält, welche schon übernommen und auf der Reise nach ihrem Bestimmungsorte die erste Telegraphenstation nach ihrer Aufgabe bereits passiert hatte.

Art. 219. Mit Suspension im Mittel- bis Höchstmaße und Geldstrafe von 250 bis 2500 Pesetas soll derjenige öffentliche, jedoch nicht einer richterlichen Behörde angehörende Beamte bestraft werden, welcher die der Post anvertraute Privatkorrespondenz öffnet.

Art. 220. Mit absoluter zeitlicher Unfähigkeit im Mindest- bis Mittelmaße und Geldstrafe von 500 bis 5000 Pesetas soll derjenige öffentliche Beamte bestraft werden, welcher genannte Korrespondenz unterschlägt.

Art. 221. Mit Geldstrafe von 125 bis 1250 Pesetas soll derjenige öffentliche Beamte bestraft werden, welcher nach Aufhebung der verfassungsmäßigen Rechte einen Bürger ohne richterlichen Spruch auf eine Entfernung von mehr als 250 Kilometer von seinem Wohnsitze verweist.

Mit Ortsverweisung und Geldstrafe von 250 bis 2500 Pesetas soll derjenige öffentliche Beamte bestraft werden, welcher, ohne daß die verfassungsmäßigen Rechte aufgehoben sind, einen Bürger zwingt, seinen Wohnsitz oder Wohnort zu verändern.

Art. 222. Mit Verschickung und Geldstrafe von 500 bis 5000 Pesetas soll derjenige öffentliche Beamte bestraft werden, welcher ohne richterlichen Vollstreckungsbefehl einen Bürger aus dem Königreiche deportiert oder verbannt.

Art. 223. Mit absoluter zeitlicher Unfähigkeit und Geldstrafe von 500 bis 5000 Pesetas soll derjenige Minister der Krone bestraft werden, welcher eine nicht von den Cortes beratene und genehmigte Staatssteuer zu zahlen anordnet.

Art. 224. Mit Suspension im Höchstmaße bis zu zeitlicher absoluter Unfähigkeit im Mindestmaße und Geldstrafe von 250 bis 2500 Pesetas soll diejenige Behörde bestraft werden, welche eine nicht gesetzmäßig von der entsprechenden provinzialen Steuerbehörde oder der Stadtverwaltung genehmigte Provinzial- oder städtische Steuer zu zahlen anordnet.

Art. 225. Mit Suspension im Mittel- bis Höchstmaße und zeitlicher absoluter Unfähigkeit im Mittelmaße sowie Geldstrafe von 250 bis 2500 Pesetas sollen diejenigen öffentlichen Beamten bestraft werden, welche von den Steuerzahlern für den Staat, die Provinz oder Gemeinde die Zahlung von Steuern verlangen, die, je nachdem, nicht von den Cortes, der Provinzialvertretung oder der Stadtverwaltung genehmigt sind.

Ist die Zahlung tatsächlich erfolgt, so beträgt die Geldstrafe denselben bis dreifachen Betrag der gezahlten Summe.

Ist die Beitreibung durch Versprechen einer Belohnung oder eines andern anspornenden Mittels erfolgt, so tritt Bestrafung mit zeitlicher absoluter Unfähigkeit und oben erwähnter Geldstrafe ein.

Art. 226. Ist der auferlegte Betrag je nachdem nicht in Kasse des Staates, der Provinz oder der Gemeinde gelangt, und zwar durch Schuld des Beamten, der die Steuer eingefordert hatte, so trifft diesen die Strafe des Betruges und zwar im entsprechenden Höchstmaße.

Art. 227. Mit absoluter zeitlicher Unfähigkeit im Mindest- bis Mittelmaße und Geldstrafe von 125 bis 1250 Pesetas sollen diejenigen Behörden bestraft werden, welche den in den beiden vorhergehenden Artikeln erwähnten Beamten ihre Hilfe oder Unterstützung gewähren.

Als Miturheber (co-autores) des im vorigen Artikel bestraften Verbrechens werden die Behörden zur Verantwortung gezogen, falls sie sich mit den gezahlten Beträgen bereichert haben.

Art. 228. Mit Suspension im Mittel- bis Höchstmaße und Geldstrafe von 250 bis 2500 Pesetas soll derjenige öffentliche Beamte bestraft werden, welcher einen Bürger oder einen Fremden für einen Dienst oder ein öffentliches Werk aus seinem Besitze vertreibt, ohne das ein richterlicher Befehl oder Spruch vorliegt.

Derselben Strafe soll derjenige verfallen, welcher jenen im ruhigen Besitze seiner Güter ohne richterlichen Befehl stört.

Art. 229. Mit Suspension im Mindest- bis Mittelmaße und Geldstrafe von 125 bis 1250 Pesetas soll derjenige öffentliche Beamte bestraft werden, welcher:

1. Solange die verfassungsmäßigen Rechte nicht aufgehoben sind, einen weder verhafteten noch seiner Freiheit beraubten Bürger an der Teilnahme an einer friedlichen Versammlung oder Kundgebung hindert oder ihm dieselbe verbietet.

2. Im gleichen Falle demselben die Teilnahme an der Bildung irgend eines nicht im Artikel 198 dieses Gesetzbuchs erwähnten Vereins untersagt oder ihn daran hindert.

3. In den gleichen Fällen des vorigen Artikels einem Bürger untersagt oder ihn daran hindert, Bittschriften an die Cortes, den König oder die Behörden zu richten.

Art. 230. Mit Suspension im Mittel- bis Höchstmaße und Geldstrafe von 250 bis 2500 Pesetas soll derjenige öffentliche Beamte bestraft werden, welcher in irgend einer Weise die Abhaltung einer friedlichen Vereinigung oder Kundgebung, von welcher er offiziell in

Kenntnis gesetzt war, oder die Gründung eines nicht im Artikel 198 dieses Gesetzbuches erwähnten Vereins oder das Abhalten von Sitzungen desselben hindert, falls in denselben nicht irgend eins der in Titel II, Buch 2 dieses Gesetzbuches bestraften Delikte begangen wurde.

Art. 231. Mit Suspension im Höchstmaße bis zu zeitlicher absoluter Unfähigkeit im Mindestmaße sowie Geldstrafe von 250 bis 2500 Pesetas soll derjenige öffentliche Beamte bestraft werden, welcher:

1. Die Auflösung irgend einer friedlichen Versammlung oder Kundgebung anordnet.

2. Die Auflösung irgend eines nicht im Artikel 198 dieses Gesetzbuches erwähnten Vereins befiehlt.

Art. 232. Mit Suspension im Mittel- bis Höchstmaße und Geldstrafe von 250 bis 2500 Pesetas soll derjenige öffentliche Beamte bestraft werden, welcher die richterliche Behörde nicht innerhalb von vierundzwanzig Stunden nach der auf seinen Befehl erfolgten Suspendierung eines erlaubten Vereins oder der Sitzung irgend einer andern Gesellschaft unter der Angabe seiner ihn hierzu bestimmenden Gründe in Kenntnis setzt.

Art. 233. Denselben Strafen soll derjenige öffentliche Beamte verfallen, welcher die Schließung irgend einer privaten Unterrichtsanstalt befiehlt, ohne daß genügende Gründe hygienischer oder moralischer Natur hierfür vorliegen und die richterliche Behörde nicht innerhalb der folgenden vierundzwanzig Stunden von genannter Schließung oder Auflösung benachrichtigt hat.

Art. 234. Mit Ortsverweisung im Mindest- bis Mittelmaß soll derjenige öffentliche Beamte bestraft werden, welcher, ohne zweimal hintereinander die Auflösung irgend einer Versammlung oder Kundgebung oder die Suspendierung der Sitzungen einer Gesellschaft angekündet zu haben, Gewalt anwendet, um dieselben aufzulösen oder zu suspendieren, falls nicht ein gewaltsamer Angriff seitens der Versammelten, Manifestierenden oder Vereinigten vorausgegangen ist.

Ortsverweisung im Mittel- bis Höchstmaße und die gleiche Geldstrafe treten ein, falls bei Anwendung der Gewalt leichte Verletzungen einer oder mehreren Personen zugefügt worden sind.

Sind die Verletzungen schwerer Natur, so tritt Bestrafung mit Verschickung im Mindest- bis Mittelmaße und Geldstrafe von 500 bis 5000 Pesetas ein.

Ist ein Todesfall vorgekommen, so beträgt die Strafe Verschickung im Höchstmaße bis zeitlicher Verbannung mit Zwangsaufenthalt und Geldstrafe von 1250 bis 12500 Pesetas.

Art. 235. Mit zeitlicher absoluter Unfähigkeit sowie Geldstrafe von 250 bis 2500 Pesetas soll derjenige öffentliche Beamte bestraft werden, welcher, nachdem irgend eine Vereinigung oder Kundgebung aufgelöst, irgend ein Verein oder seine Sitzung suspendiert ist, sich weigert, der ihn ersuchenden Behörde die Gründe für die Suspendierung oder Auflösung mitzuteilen.

Dritter Abschnitt.

Verbrechen, welche sich auf die freie Ausübung der Kulte beziehen.

Art. 236. Mit Besserungs-Gefängnis im Mittel- bis Höchstmaße und Geldstrafe von 250 bis 2500 Pesetas soll derjenige bestraft werden, welcher einen Bürger durch Drohungen, Gewalt oder andere ungesetzliche Zwangsmittel dazu bringt, religiöse Handlungen auszuüben oder gottesdienstlichen Handlungen eines Kultes, welchem er nicht angehört, beizuwohnen.]

Art. 237. Den im vorigen Artikel bezeichneten Strafen soll auch derjenige verfallen, welcher durch die gleichen Mittel einen Bürger an der Ausübung seines Kultes oder dem Beiwohnen gottesdienstlicher Handlungen hindert.

Art. 238. Mit Arrest l im Höchstmaße bis Besserungshaft im Mindestmaße sowie Geldstrafe von 125 bis 1250 Pesetas soll bestraft werden:

1. Wer durch die im vorigen Artikel erwähnten Mittel einen Bürger zwingt, diese Religionshandlungen auszuüben oder den gottesdienstlichen Funktionen des Kultus, welchem jener (der Schuldige, Zwingende) angehört, beizuwohnan.

2. Wer einen Bürger daran hindert, die religiösen Festtage seines Kultus innezuhalten.

3. Wer durch dieselben Mittel ihn an genannten religiösen Festtagen daran hindert, seinen Kaufladen, Werkstätte oder anderes Etablissement zu öffnen oder ihn zwingt, sich irgend welcher Arbeiten zu enthalten.

Die Vorschriften dieses Artikels und der vorhergehenden gelten unbeschadet der allgemeinen oder lokalen örtlichen oder polizeilichen Anordnungen.

Art. 239. Mit Gefängnis im Mindest- bis Mittelmaße sollen diejenigen bestraft werden, welche in lärmender Weise die Abhaltung irgendwelcher gottesdienstlicher Handlungen in dem hierzu gewohnheitsmäßig oder zufällig bestimmten Orte hindern, stören oder aufhalten.

Art. 240. Mit Besserungs-Gefängnis im Mittel- bis Höchstmaße und Geldstrafe von 250 bis 2500 Pesetas soll bestraft werden:

1. Wer durch Handlungen, Worte, Gesten oder Drohungen den Diener (Ministro) irgend eines Kultes bei Ausübung seiner Funktionen hindert.

2. Wer durch dieselben Mittel die Ausübung religiöser Handlungen an dem hierzu gewohnheitsmäßig oder zufällig bestimmten Orte hindert, stört oder unterbricht.

3. Wer öffentlich irgendwelche Dogmen oder Zeremonien einer in Spanien Anhänger habenden Religion verhöhnt oder verspottet.

4. Wer in gleicher Absicht Bilder, heilige Gerätschaften oder irgendwie andere zum Gottesdienste bestimmte Gegenstände beschimpft.

Art. 241. Mit Arrest I im Mindest- bis Mittelmaß soll derjenige bestraft werden, welcher an einem geweihtem Orte in lärmender Weise Handlungen ausführt, welche, obwohl sie in keinem der vorhergehenden Artikel aufgezählt sind, das religiöse Gefühl der Anwesenden beleidigen.

Vierter Abschnitt.

Allgemeine Bestimmung zu den drei vorhergehenden Abschnitten.

Art. 242. Die Vorschriften in diesem Kapitel gelten unbeschadet der Anordnungen in anderen Kapiteln dieses Gesetzbuches, welche eine gleiche oder höhere Strafe auf eine der in den drei vorhergehenden Abschnitten genannten Handlungen setzen.

Dritter Titel.

Verbrechen gegen die öffentliche Ordnung.

Erstes Kapitel.

Rebellion.

Art. 243. Der Rebellion machen sich diejenigen schuldig, welche sich öffentlich oder in offener Feindschaft gegen die Regierung zu irgend einem der folgenden Zwecke empören:

1. Den König zu entthronen, den Regenten oder die Regentschaft des Königreiches abzusetzen oder sie ihrer persönlichen Freiheit zu berauben oder sie zu verpflichten, eine Handlung gegen ihren Willen auszuführen.

2. Die Ausübung der Wahlen für die Deputierten der Cortes oder Senatoren im ganzen Königreiche oder die gesetzliche Vereinigung derselben zu verhindern.

3. Die Cortes aufzulösen oder die freie Entschließung irgend einer der gesetzgebenden Körperschaften zu verhindern oder denselben eine Entschließung abzuzwingen.

4. Irgend eines der in Artikel 165 vorgesehenen Verbrechen zu begehen.

5. Das Königreich, oder einen Teil desselben, einen Truppenteil zu Wasser oder zu Lande oder irgend welche andere bewaffnete Macht der Gehorsamsleistung gegenüber der höchsten Regierung (Supremo Gobierno) zu entziehen.

6. Die verfassungsmäßigen Befugnisse der Minister der Krone im eigenen Interesse auszunutzen, zu verwerten oder die Minister der erwähnten Befugnisse zu berauben oder sie in der freien Ausübung derselben zu behindern oder ihnen dieselbe unmöglich zu machen.

Art. 244. Mit zeitlicher Zwangsarbeit im Höchstmaße oder mit dem Tode sollen diejenigen bestraft werden, welche die Rebellion durch Verleitung oder Bestimmung der Rebellen hervorgerufen oder unterstützt haben. Gleiche Strafe trifft die Hauptanführer.

Art. 245. Mit zeitlicher Zwangsarbeit oder mit dem Tode sollen diejenigen bestraft werden, welche einen untergeordneten Posten bei der Rebellion bekleiden, falls sie sich in einem der Fälle befinden, welche im ersten Abschnitt der Nummer 2 des Artikels 184 vorgesehen sind; mit zeitlicher Zwangsarbeit, falls keiner der eben erwähnten Fälle zutrifft.

Art. 246. Mit Gefängnis I im Mittelmaße bis zeitlicher Zwangsarbeit im Mindestmaße sollen die bloßen Teilnehmer an der Rebellion in den im ersten Abschnitt der Nummer 2 des Artikels 184 aufgezählten Fällen bestraft werden; und mit Gefängnis I in seiner ganzen Ausdehnung, falls einer der erwähnten Fälle zutrifft.

Art. 247. Ist die Rebellion nicht soweit organisiert worden, daß ihre Führer bekannt sind, so sollen als „Führer" diejenigen betrachtet werden, welche de facto die Übrigen kommandieren, ihre Sprecher sind, Quittungen oder andere von der Rebellion ausgefertigten Schriftstücke zeichnen oder irgend welche andere Handlungen ausführen, welche als „Vertretung" der übrigen Teilnehmer aufzufassen sind.

Art. 248. Als „Rebellen" werden mit Gefängnis I diejenigen bestraft, welche:

1. ohne sich gegen die Regierung zu erheben, aus reiner Dummheit oder sonstigem Grunde eins der im Artikel 243 aufgeführten Verbrechen vollführen.

2. Truppen oder irgend eine andere bewaffnete Macht zu Wasser oder zu Lande dazu aufwiegeln, das Verbrechen der Rebellion auszuführen.

Kommt die Rebellion tatsächlich zu Stande, so sind die Verführer als Anstifter zu betrachten und mit der in Artikel 244 angezeigten Strafe zu bestrafen.

Mit denselben Strafen sollen die Angriffe auf die Integrität der spanischen Nation oder auf die Unabhängigkeit des Reiches oder eines seiner Teile bestraft werden, welche unter einem einzigen grundlegenden Gesetze, sowie unter Vertretung durch eine einzige Persönlichkeit stehend, als Nation aufgefaßt werden.

Art. 249. Mit Besserungs-Gefängnis im Mittel- bis Höchstmaße wird die Verabredung zu dem Verbrechen der Rebellion bestraft.

Der Vorschlag wird mit Besserungs-Gefängnis im Mindest- bis Mittelmaß bestraft.

Zweites Kapitel.

Aufruhr.

Art. 250. Schuldig des Aufruhrs sind diejenigen, welche sich öffentlich und in stürmischer Weise erheben, um mit Gewalt oder außerhalb der gesetzlichen Wege eines der folgenden Ziele zu erreichen:

1. Die Veröffentlichung oder Ausübung der Gesetze, die Abhaltung der Volkswahlen in einer Provinz, Wahlbezirk oder Distrikt zu hindern.

2. Eine öffentliche Behörde, Korporation oder öffentlichen Beamten an der freien Ausübung ihrer amtlichen Pflichten oder der Erfüllung ihrer richterlichen oder administrativen Befugnisse zu hindern.

3. Einen Akt des Hasses oder der Rache gegen die Person oder das Besitztum einer Behörde oder ihrer Agenten auszuüben.

4. Irgend welchen Akt der Rache oder Gehässigkeit gegen Privatleute oder staatliche Beamte mit einem politischen oder sozialen Zweck auszuführen.

5. Einen Bürger, die Vertretung einer Gemeinde, einer Provinz oder des Staates zu einem politischen oder sozialen Zweck aller oder eines Teils des ihnen gehörenden Eigentums zu berauben oder das genannte Eigentum zu verwüsten oder zu zerstören.

Art. 251. Diejenigen, welche durch Aufwiegelung und Aufmunterung der Aufständischen den Aufstand hervorgerufen oder unterstützt haben, sowie die hauptsächlichsten Anführer sollen mit zeitlicher Zwangsarbeit bestraft werden, falls sie sich in einem der im ersten Abschnitt der Nummer 2 des Artikels 184 aufgezählten Umstande befinden und mit Gefängnis I, falls keine dieser Bedingungen zutrifft.

Art. 252. Die bloßen Teilnehmer am Aufstande sollen mit Besserungs-Gefängnis im Mittel- bis Höchstmaße in den im ersten Abschnitt der Nummer 2 des Artikels 184 aufgezählten Fällen bestraft werden; und mit Besserungs-Gefängnis im Mindest- bis Mittelmaße, falls die genannten Bedingungen für sie nicht zutreffen.

Art. 253. Die Verfügungen des Artikels 247 sind auch für den Fall anwendbar, daß der Aufstand nicht zu einer Organisation mit bekannten Führern gelangt ist.

Art. 254. Mit Arrest I oder Besserungs-Gefängnis im Mindestmaße wird die Verabredung zu dem Verbrechen des Aufstandes bestraft.

Art. 255. Mit Besserungs-Gefängnis im Mittel- bis Höchstmaße sollen diejenigen bestraft werden, welche Truppen oder irgendwelche bewaffnete Mannschaft zu Wasser oder zu Lande dazu aufstacheln, das Verbrechen des Aufstandes zu begehen.

Ist der Aufstand tatsächlich zur Ausführung gekommen, so sind die Aufwiegler als Anstifter anzusehen und mit der hierfür angezeigten Strafe in Artikel 251 zu bestrafen.

Art. 256. Falls der Aufstand jedoch nicht zu dem Umfange gelangt ist, daß er in schwerwiegender Weise die Ausübung der öffentlichen Gewalt seitens der Behörden hindert und ebensowenig die Veranlassung zur Begehung eines anderen schweren Verbrechens geworden ist, so soll das Gericht die in den Artikeln dieses Kapitels angezeigten Strafen um ein oder zwei Maße erniedrigen.

Drittes Kapitel.

Allgemeine Vorschriften für die vorhergehenden zwei Kapitel.

Art. 257. Sobald Rebellion oder Aufstand klar ersichtlich sind, hat die Regierungsbehörde bis zu zwei Malen die Aufständischen aufzufordern, unverzüglich auseinander zu gehen und sich zurückzuziehen; zwischen beiden Aufforderungen muß genügend Zeit hierfür liegen.

Falls sich die Aufständischen nach der zweiten Aufforderung nicht sofort zuziehen, hat die Behörde sofort Gebrauch von der öffentlichen Gewalt zu machen, um die Ansammlung zu zerstreuen.

Die Aufforderungen haben in der Weise zu geschehen, daß gegenüber den Aufständischen am Tage die Nationalflagge geschwenkt wird; Nachts wird die Aufforderung zum Rückzuge durch Trommelschlag, Trompete oder irgend ein anderes geeignetes Instrument gegeben.

Falls die Umstände es nicht gestatten sich der eben erwähnten Mittel zu bedienen, haben die Aufforderungen in irgend einer anderen wirksamen Weise zu geschehen, wobei auf möglichst große öffentliche Verbreitung zu sehen ist.

Die erste oder zweite Aufforderung je nachdem sind von dem Augenblicke an nicht notwendig, wo die Rebellen oder Aufständischen das Feuer eröffnen.

Art. 258. Falls die Rebellen oder Aufständischen sich zerstreuen oder der gesetzlichen Gewalt unterwerfen, bevor die Aufforderungen erfolgen oder auf diese hin, sollen die bloßen Teilnehmer irgend einer dieser Verbrechen frei von jeder Strafe bleiben; ebenso die in Artikel 251 erwähnten Aufständischen, falls sie nicht öffentliche Beamte waren.

Die Gerichte sollen in diesem Falle die in den vorhergehenden zwei Kapiteln angezeigten Strafen um ein oder zwei Maße erniedrigen.

Art. 259. Die besonderen bei einem Aufstand oder Rebellion oder aus Anlaß derselben begangenen Verbrechen werden im entsprechenden Falle nach den Vorschriften dieses Gesetzbuches geahndet.

Sind die Täter nicht zu ermitteln, so sollen als solche die hauptsächlichsten Führer der Rebellion oder des Aufstandes bestraft werden.

Art. 260. Mit absoluter zeitlicher oder dauernder Unfähigkeit sollen diejenigen durch direkte Ernennung seitens der Regierung angestellten Behörden bestraft werden, welche der Rebellion oder dem Aufstande nicht mit allen in ihrem Bereiche liegenden Mitteln entgegengetreten sind.

Mit Amtsenthebung im Höchstmaße bis zeitlicher absoluter Unfähigkeit im Mittelmaße, falls es sich um Behörden handelt, welche nicht durch direkte Ernennung seitens der Regierung ihr Amt erhalten haben.

Art. 261. Mit zeitlicher spezieller Unfähigkeit sollen diejenigen Beamten bestraft werden, welche unter dem Befehl der Aufrührer ihr

Amt weiter ausüben oder ohne daß der Verzicht auf ihr Amt angenommen ist, ihren Posten bei Gefahr einer Rebellion oder eines Aufstandes verlassen.

Art. 262. Mit zeitlicher absoluter Unfähigkeit für öffentliche Ämter im Mindestmaße sollen diejenigen bestraft werden, welche Ämter von den Aufständischen oder Rebellen annehmen.

Viertes Kapitel.

Attentate gegen die Behörden oder ihre Agenten, Widerstand und Ungehorsam.

Art. 263. Ein Attentat begehen diejenigen, welche:

1. ohne sich öffentlich zu erheben, Gewalt oder Einschüchterung zur Erreichung einer der bei den Verbrechen der Rebellion oder des Aufstandes erwähnten Ziele gebrauchen.

2, Die Behörde oder ihre Agenten angreifen, Gewalt gegen dieselben anwenden, sie in schwerer Weise bedrohen oder ihnen schweren Widerstand entgegensetzen, wenn sie sich in Ausübung ihrer amtlichen Befugnisse befinden oder gelegentlich derselben.

Art. 264. Die im vorigen Artikel erwähnten Attentate sollen mit Besserungs-Gefängnis im Mittelmaße bis Gefängnis I im Mindestmaße und Geldstrafe von 250—2500 Pesetas bestraft werden, falls eine der folgenden Bedingungen zutrifft:

1. Der Angriff mit bewaffneter Hand geschieht.
2. Die Schuldigen öffentliche Beamte sind.
3. Die Delinquenten sich an der Obrigkeit vergriffen haben.
4. Die Behörde infolge der ausgeübten Tätigkeit der Schuldigen die Forderungen der Aufständischen bewilligt hat.

Ohne diese Bedingungen soll die Strafe Besserungs-Gefängnis im Mindest- bis Mittelmaß und Geldstrafe von 150 bis 1500 Pesetas sein.

Dagegen trifft die Schuldigen die im vorigen Abschnitte angezeigte Strafe im Höchstmaße, wenn sie sich an den Personen, welche der Obrigkeit zu Hilfe eilten oder an deren Agenten oder an den öffentlichen Beamten tätlich vergriffen hatten.

Art. 265. Mit Arrest I und Geldstrafe von 150 bis 1500 Pesetas sollen diejenigen bestraft werden, welche ohne zu den in Artikel 263 genannten Personen zu gehören, der Behörde oder ihren Agenten Widerstand leisten oder denselben bei der Ausübung ihrer amtlichen Pflichten schweren Ungehorsam entgegensetzeu.

Fünftes Kapitel.

Unehrerbietige Handlungen, Beleidigungen, Schmähungen und Bedrohungen gegenüber der Obrigkeit; Beleidigungen, Schmähungen oder Bedrohung ihrer Agenten sowie sonstiger öffentlicher Beamten.

Art. 266. Eine unehrerbietige Handlung begehen:

1. Diejenigen, welche einem Minister der Krone oder eine Behörde in Ausübung oder bei Gelegenheit der Ausübung ihrer amt.

lichen Befugnisse beschimpft, schmäht, beleidigt oder bedroht, sei es tätlich, sei es mit Worten, in Gegenwart jener oder durch an sie gerichte Schriftstücke.

2. Derjenige öffentliche Beamte, welcher einen in der Rangordnung höherstehenden Beamten in Ausübung der beruflichen Pflichten tätlich oder mit Worten in seiner Gegenwart oder durch an ihn gerichtete Schriftstücke schmäht, beschimpft, beleidigt oder ihn bedroht.

In Anbetracht der Verfügungen in den beiden vorhergehendeu Nummern stellt die Veröffentlichung der erwähnten Schriftstücke in einer Tageszeitung an sich noch keine unehrerbietige Handlung dar.

Art. 267. Ist die Schmähung, Beleidigung, Beschimpfung oder Bedrohung, von denen der vorhergehende Artikel spricht, eine schwere, so trifft den Schuldigen Besserungs-Gefängnis im Mindest- bis Mittelmaße und Geldstrafe von 150 bis 1500 Pesetas.

War dieselbe weniger schwer, so soll die Strafe Arrest I im Höchstmaße bis Besserungs-Gefängnis im Mindestmaße und Geldstrafe von 125 bis 1250 Pesetas sein.

Art. 268. Die Herausforderung zum Duell, auch wenn sie in verschleierter Form oder anscheinend aus privaten Gründen erfolgt, wird hinsichtlich der Wirkungen des obigen Artikels stets als schwere Bedrohung angesehen.

Art. 269. Mit Arrest I werden diejenigeu bestraft, welche einen Minister der Krone, oder eine Behörde, die sich in Ausübung ihres Amtes befinden oder bei Gelegenheit derselben mit Taten oder Worten schmäht, beleidigt oder beschimpft, falls jene nicht zugegen oder die Schriftstücke nicht an sie gerichtet sind.

Art. 270. Ebenso sollen mit Arrest I diejenigen bestraft werden, welche öffentliche Beamte oder Agenteu der Obrigkeit durch an sie gerichtete Schriftstücke oder in ihrer Gegenwart tätlich oder mit Worten schmähen, beleidigen oder bedrohen.

Sechstes Kapitel.

Öffentliche Ruhestörungen.

Art. 271. Mit Arrest I im Mittelmaße bis Besserungs-Gefängnis im Mindestmaße und Geldstrafe von 150 bis 1500 Pesetas sollen diejenigen bestraft werden, welche einen Tumult erregen oder die Ordnung bei der Sitzung eines Gerichtes oder Tribunals, bei öffentlichen Amtshandluugen irgend einer Behörde oder Korporation, irgend einem Wahlkollegium, in öffentlichem Bureau oder Gebäude, bei Schaustellungen, feierlichen Gelegenheiten oder zahlreichen Versammlung in schwerer Weise stören.

Art. 272. Mit Arrest I sollen diejenigen bestraft werden, welche in schwerer Weise die öffentliche Ordnung stören, um irgend einer Privatperson ein Unrecht oder sonst irgend ein Übel zuzufügen.

Die erwähnte Strafe Arrest I soll den Schuldigen im Höchstmaße treffen, wenn der Verbrecher die Behinderung irgend einer Person an der Ausübung ihrer politischen Rechte bezweckte.

Art. 273. Ebenfalls soll Arrest I — falls nicht in Ansehung der Artikel dieses Gesetzbuches eine höhere Bestrafung Platz zu greifen hat —, über diejenigen Personen verhängt werden, welche rebellische oder aufrührerische Rufe in irgend einer Versammlung, Gesellschaft oder an öffentlichem Orte ausstoßen oder an genannten Stellen Abzeichen oder Fahnen sehen lassen, welche direkt zu einer Störung der öffentlichen Ordnung auffordern.

Art. 274. Mit Arrest I im Höchstmaße bis Besserungs-Gefängnis im Mindestmaße sollen diejenigen bestraft werden, welche aus den Gefängnissen oder Strafanstalten irgend eine dort verhaftete Persönlichkeit herausholen oder ihr das Entweichen ermöglichen, falls sie sich zu diesem Zwecke der Gewalt, Einschüchterung oder Bestechung bedienen.

Bestrafung mit Arrest I tritt ein, falls andere Mittel zur Anwendung gekommen sind.

Dieselben Strafen im Mindestmaße sollen zur Anwendung kommen, falls das Entweichen der Gefangenen außerhalb besagter Anstalten unter Überrumpelung der mit der Aufsicht betrauten Personen stattgefunden hat.

Art. 275. Mit Besserungs-Gefängnis im Mindest- bis Mittelmaße sollen diejenigen bestraft werden, welche Beschädigungen an den Eisenbahn- oder Telegraphenlinien vorgenommen haben oder die Post oder Wege-Verbindungen unterbrechen.

Art. 276. Mit Arrest I im Mittelmaße bis Besserungs-Gefängnis im Mindestmaße sollen diejenigen bestraft werden, welche Gemälde, Statuen oder irgendein anderes öffentliches dem Schmuck oder Nutzen dienendes Monument zerstören oder beschädigen.

Siebentes Kapitel.

Allgemeine Vorschriften zu den drei vorhergehenden Kapiteln.

Art. 277. Bezüglich der Wirkungen der in den drei vorhergehenden Kapiteln enthaltenen Artikel soll als „Behörde" diejenige Person angesehen werden, welche für sich allein oder als Mitglied einer Korporation oder eines Gerichtes eigene Jurisdiktion ausübt.

Als „Behörde" werden ebenfalls die Beamten der Stadtverwaltung angesehen.

Art. 278. Mit dem Höchstmaße der entsprechenden Strafe und mit zeitlicher absoluter Unfähigkeit soll derjenige bestraft werden, welcher eines der in den drei vorhergehenden Kapiteln besprochenen Verbrechen begeht, falls er als zivile oder religiöse Behörde sich konstituiert hatte.

Art. 279. Mit Ortsverweisung sollen diejenigen geistlichen Personen (ministros de una religion) bestraft werden, welche in Ausübung ihrer Amtshandlungen zur Begehung irgendeiner der in den drei vorhergehenden Kapiteln besprochenen Verbrechen auffordern, falls ihre Aufforderung keinen Erfolg hervorgerufen haben;

mit Verschickung I, falls ein Erfolg eingetreten ist; vorausgesetzt, daß auf Grund anderer Artikel dieses Gesetzbuchs für das begangene Verbrechen keine höhere Strafe einzutreten hat.

Vierter Titel.
Fälschungen.

Erstes Kapitel.
Fälschungen der königlichen Unterschrift oder des Siegels; der Unterschriften, Siegel oder Stempel der Minister.

Erster Abschnitt.
Fälschung der königlichen Unterschrift oder des Siegels, sowie der Unterschriften des Ministers.

Art. 280. Mit zeitlicher Kette wird derjenige bestraft, welcher den Namenszug oder das Siegel des Königs oder Regenten des Königreiches fälscht.

Art. 281. Mit Zuchthaus I soll derjenige bestraft werden, welcher die Unterschrift oder das Siegel des Oberhauptes einer fremden Macht oder die Unterschrift des Ministers fälscht und von den gefälschten Unterschriften oder Siegeln in Spanien Gebrauch gemacht hat; hat der Gebrauch außerhalb Spaniens stattgefunden, so tritt Besserungs-Zuchthaus im Mittel- bis Höchstmaße ein.

Art. 282. Die um ein Maß niedrigere Strafe, wie die für die Fälscher selbst angezeigte, trifft diejenigen, welche wissentlich Gebrauch von den gefälschten Unterschriften oder Siegeln machen, auf welche sich die vorhergehenden Artikel beziehen.

Zweiter Abschnitt.
Fälschung von Siegeln und Marken.

Art. 283. Mit zeitlicher Kette wird bestraft, wer das Staatssiegel fälscht.

Mit der um ein Maß niedrigeren Strafe, wie die im vorstehenden Abschnitt angezeigte wird bestraft, wer wissentlich Gebrauch von dem gefälschten Staatssiegel gemacht hat.

Art. 284. Mit Zuchthaus I wird bestraft, wer das Staatssiegel einer fremden Macht fälscht und von demselben in Spanien Gebrauch macht; mit Besserungs-Zuchthaus im Mittel- bis Höchstmaße, falls der Gebrauch außerhalb des Königsreichs stattgefunden hat.

Art. 285. Mit der um ein Maß niedrigeren Strafe, wie die für die Fälscher selbst in den erwähnten Artikeln angezeigte, wird derjenige bestraft, welcher unter Kenntnis der Fälschung der Siegel, von denen in den zwei vorhergehenden Artikeln die Rede ist, und ohne an der Fälschung selbst teilgenommen zu haben, sich derselben bedient oder sie benutzt.

Art. 286. Mit Zuchthaus I und Geldstrafe von 250 bis 2500 Pesetas wird bestraft, wer die Marken oder Siegel der gerichtlich vereidigten Wardeine fälscht (fieles contrastes).

Art. 287. Mit der im vorigen Artikel bezeichneten Strafe werden diejenigen bestraft, welche wissentlich Gegenstände aus Gold oder Silber zum Verkauf stellen, welche mit gefälschten Garantie-Stempeln versehen sind.

Art. 288. Mit Besserungs-Zuchthaus im Mindest- bis Mittelmaße und Geldstrafe von 150 bis 1500 Pesetas soll bestraft werden, wer die von einer Behörde, Gericht, offiziellen Korporation oder öffentlichen Anstalt benutzten Siegel fälscht.

Der bloße Gebrauch dieser wissentlich gefälschten Siegel wird mit gleicher Strafe belegt, wenn er den eigenen Gewinn unter Benachteiligung des öffentlichen Vermögens als Ursache hatte; im anderen Falle trifft den Schuldigen die im Maße unmittelbar niedrigere Strafe.

Art. 289. Mit Besserungs-Zuchthaus im Mindest- bis Mittelmaße und Geldstrafe von 150 bis 1500 Pesetas soll bestraft werden, wer die Siegel, Marken oder Gegenmarken fälscht, welche in den staatlichen Bureaus gebraucht werden, um irgendeinen Gegenstand zu kennzeichnen oder die Zahlung von Abgaben sicher zu stellen.

Art. 290. Die Strafen sollen um ein Maß niedriger sein, wie die für jene Delikte angezeigten, wenn der Schuldige die Fälschungen, von denen die beiden vorigen Artikel handeln, ohne Benutzung eines Siegels oder Stempels oder eines anderen mechanischen und zur Fälschung geeigneten Instrumentes vorgenommen hat.

Art. 291. Mit Besserungs-Zuchthaus im Mindest- bis Mittelmaße soll derjenige bestraft werden, welcher die Marken, Siegel, Billets oder Wertmarken fälscht, die von industriellen Unternehmungen oder Etablissements oder vom Handel benutzt werden.

Art. 292. Mit Arrest I und Geldstrafe von 125 bis 1250 Pesetas soll bestraft werden, wer Handelsgegenstände vertreibt und hierbei die Fabrikmarke oder den Namen des wahren Fabrikanten durch eine vorgeschobene Marke oder den Namen eines anderen Fabrikanten ersetzt.

Art. 293. Mit Arrest I und Geldstrafe von 125 bis 1250 Pesetas soll ebenfalls derjenige bestraft werden, welcher von irgendeinem Stempel, Billet oder Wertzeichen die Marke oder das Zeichen entfernt, welches anzeigt, daß dieselben dem Zwecke ihrer Ausgabe schon gedient haben oder bereits entwertet sind.

Mit Geldstrafe von 125 bis 1250 Pesetas wird bestraft, wer wissentlich Gebrauch von derartigen Stempeln oder Wertmarken macht.

Zweites Kapitel.

Münzfälschung.

Art. 294. Mit zeitlicher Kette im Mittelmaße bis lebenslänglich und Geldstrafe von 2500 bis 25000 Pesetas soll derjenige bestraft werden, welcher falsches, im Werte niedrigeres Geld wie das gesetzliche, herstellt und hierbei das Gold- oder Silber-Geld nachmacht, welches im Königreiche gesetzlichen Kurs hat. Zuchthaus I und Geldstrafe von 250 bis 2500 Pesetas tritt ein, falls das falsche nachgemachte Geld nur Kupfermünze war.

Art. 295. Mit Zuchthaus I und Geldstrafe von 250 bis 2500 Pesetas wird bestraft, wer gesetzliches Gold- oder Silber-Geld beschneidet; mit Besserungs-Zuchthaus im Mindest- bis Mittelmaße und Geldstrafe von 125 bis 1250 Pesetas, falls es sich um Kupfergeld handelte.

Art. 296. Mit Besserungs-Zuchthaus im Mittel- bis Höchstmaße und Geldstrafe von 250 bis 2500 Pesetas soll derjenige bestraft werden, welcher falsches Geld, jedoch vom gleichen Werte wie das gesetzliche, herstellt, und hierbei das Geld nachahmt, welches im Königreiche gesetzlichen Kurs hat.

Art. 297. Mit Besserungs-Zuchthaus im Mittel- bis Höchstmaße und Geldstrafe von 125 bis 1250 Pesetats soll bestraft werden, wer falsches Geld herstellt und hierbei eine Münze nachmacht, welche im Königreiche nicht gesetzlichen Kurs hat.

Art. 298. Mit Besserungs-Zuchthaus im Mindest- bis Mittelmaße und Geldstrafe von 500 bis 5000 Pesetas soll bestraft werden, wer echtes Geld, welches jedoch im Königreiche nicht gesetzlichen Kurs hat, beschneidet.

Art. 299. Die in den vorhergehenden Artikeln angezeigten Strafen treffen auch in den entsprechenden Fällen diejenigen, welche falsches Geld im Königreiche einführen.

Gleiche Strafen treffen auch diejenigen, welche das falsche Geld ausgeben, wenn zwischen ihnen und den Fälschern oder Einführern Zusammenhang besteht (connivencia).

Art. 300. Mit Besserungs-Zuchthaus im Mittel- bis Höchstmaße und Geldstrafe von 125 bis 1250 Pesetas sollen diejenigen bestraft werden, welche, ohne im Einverständnisse, wovon der vorige Artikel handelt, zu sein, falsches oder beschnittenes Geld ausgeben, welches sie, trotzdem sie die Fälschung kannten, erworben haben, um dasselbe in Umlauf zu bringen.

Art. 301. Mit Geldstrafe im doppelten bis dreifachen Betrage des Geldwertes, falls derselbe 125 Pesetas übersteigt, soll derjenige bestraft werden, welcher das gefälschte Geld zwar in gutem Glauben erworben, dasselbe jedoch nach Erkennen der Fälschung ausgegeben hat.

Art. 302. Als schuldig des versuchten Verbrechens der Geldausgabe sollen diejenigen bestraft werden, in deren Händen sich das falsche Geld befindet, falls durch die Höhe des Betrages sowie die näheren Umstände sich der vernunftgemäße Schluß ergiebt, daß das Geld zur Ausgabe bestimmt war.

Drittes Kapitel.

Fälschung von Bankbilletten, Kreditdokumenten, Stempelpapier, Post- und Telegraphenmarken und anderen gestempelten Effekten, deren Ausgabe dem Staate vorbehalten ist.

Art. 303. Mit zeitlicher Kette im Mittelmaße bis lebenslänglich und Geldstrafe von 2500 bis 25 000 Pesetas sollen diejenigen bestraft werden, welche Bankbillette oder andere Inhaberpapiere oder deren

Coupons, deren Ausgabe durch ein Gesetz des Königreiches genehmigt ist, fälscht oder dieselben einführt.

Dieselbe Strafe soll denjenigen treffen, welcher im Einverständnis mit dem Fälscher oder Einführer dieselben ausgiebt.

Art. 304. Mit zeitlicher Kette sollen diejenigen bestraft werden, welche, ohne im Einverständnis mit den Fälschern oder Einführern zu sein, Bankbillette oder andere Orderpapiere oder deren Coupons erwerben, um sie in Umlauf zu bringen, obwohl sie wissen, daß sie gefälscht sind.

Art. 305. Ebenfalls mit zeitlicher Kette sollen diejenigen bestraft werden, welche in Spanien Bankbillette oder irgend eine andere Art von Orderpapieren sowie deren Coupons fälschen, deren Ausgabe durch ein Gesetz eines fremden Landes oder durch eine Verordnung genehmigt ist, welche gesetzgebende Kraft hat.

Art. 306. Mit Besserungs-Zuchthaus im Mittel- bis Höchstmaße und Geldstrafe von 250 bis 2500 Pesetas sollen diejenigen bestraft werden, welche Bankbillette oder andere Orderpapiere sowie deren Coupons, von denen in den Artikeln 303 und 305 die Rede ist, gutgläubig erworben haben, dieselben aber ausgeben, obwohl sie nachträglich von der Fälschung Kenntnis erhalten haben.

Art. 307. Mit zeitlicher Kette und Geldstrafe von 2500 bis 5000 Pesetas sollen diejenigen bestraft werden, welche Inhaberpapiere oder Kreditinstrumente, welche nicht auf den Inhaber lauten, deren Ausgabe aber kraft eines Gesetzes gestattet ist, fälschen oder im Königreiche einführen.

Art. 308. Mit Zuchthaus I im Mittelmaße bis zeitlicher Kette im Mindestmaße sollen diejenigen bestraft werden, welche Inhaberpapiere oder irgendwelche Kreditinstrumente fälschen, welche nicht auf den Inhaber lauten, deren Ausgabe jedoch durch ein Gesetz eines andern Staates oder eine Verordnung von gleicher gesetzgebender Kraft genehmigt ist.

Art. 309. Mit Besserungs-Zuchthaus im Mindest- bis Mittelmaße und Geldstrafe von 150 bis 1500 Pesetas soll bestraft werden, wer mit einem der gefälschten Titel, von denen in den beiden vorhergehenden Artikeln die Rede ist, wissentlich Geschäfte macht oder sich unter Benachteiligung eines Dritten auf irgend eine Weise bereichert.

Art. 310. Mit Besserungs-Zuchthaus im Mindest- bis Mittelmaße und Geldstrafe von 150 bis 1250 Pesetas soll derjenige bestraft werden, welcher irgend einen auf den Inhaber lautenden Titel oder dessen Coupons, obwohl er die Unechtheit kennt, zum Gegenstande eines Rechtsstreites macht.

Art. 311. Mit Zuchthaus I soll derjenige bestraft werden, welcher Stempelpapier, Post- oder Telegraphenmarken oder sonst irgend eine Art von gestempelten Effekten, deren Ausgabe dem Staate vorbehalten ist, fälscht.

Gleiche Strafe trifft diejenigen, welche dieselben im Einverständnisse mit den Einführern oder Fälschern in spanisches Gebiet einführen oder ausgeben.

Art. 312. Mit Besserungs-Zuchthaus im Mindest- bis Mittelmaße und Geldstrafe von 150 bis 1500 Pesetas werden diejenigen bestraft, welche, ohne Beziehungen mit den Fälschern oder Einführern zu unterhalten, wissentlich gefälschtes Papier, Stempel oder Effekten, wie sie im vorigen Artikel erwähnt sind, behufs Ausgabe erwerben.

Art. 313. Mit Arrest im Höchstmaße bis Besserungs-Gefängnis im Mindestmaße sollen diejenigen bestraft werden, welche öffentliche Effekten, wie sie im vorigen Artikel erwähnt sind, zwar guten Glaubens erworben haben, dieselben aber nach Kenntnis der Fälschung wieder ausgeben.

Mit Geldstrafe im fünf- bis zehnfachen Betrage der verwendeten Papiere oder Effekten sollen diejenigen bestraft werden, welche dieselben nach Kenntnis der Fälschung lediglich verbraucht haben.

Viertes Kapitel.

Fälschung von Dokumenten.

Erster Abschnitt.

Fälschung von öffentlichen, offiziellen oder handelsgerichtlichen Dokumenten, sowie von Telegrammen.

Art. 314. Mit zeitlicher Kette und Geldstrafe von 500 bis 5000 Pesetas soll derjenige öffentliche Beamte bestraft werden, welcher unter Mißbrauch seines Amtes eine Fälschung begeht, indem er:

1. Eine Urkunde, Unterschrift oder Eintragung fälscht oder fingiert.

2. Bei der Aufnahme eines Protokolls usw. die Gegenwart von Personen fälschlich bescheinigt, die gar nicht zugegen gewesen waren.

3. Den tatsächlich anwesenden Personen Erklärungen oder Beurkundungen zuschiebt, welche dieselben tatsächlich nicht gegeben haben.

4. Bei der Darstellung von Vorgängen gegen die Wahrheit verstößt.

5. Die tatsächlichen Daten verändert.

6. In einem echten Dokument irgend eine Veränderung oder Einschiebung vornimmt, wodurch der Sinn ein anderer wird.

7. Eine Kopie von beweiskräftiger Form von einem gefälschten Dokumente gibt oder in derselben irgend etwas bescheinigt, was dem wahren Inhalt des Originals nicht entspricht.

8. In einem amtlichen Protokoll, Register oder Buch irgend einen Schriftsatz fälschlich einfügt.

Dieselbe im ersten Abschnitt dieses Artikels angezeigte Strafe soll denjenigen weltlichen oder geistlichen Beamten treffen, welcher eines der in den vorigen Nummern aufgezählten Verbrechen bezüglich irgend welcher Akten oder Dokumente begeht, wodurch im Personenstand oder der bürgerlichen Rechtsordnung irgendwelche Folgen hervorgerufen werden können.

Art. 315. Mit Zuchthaus I und Geldstrafe von 500 bis 5000 Pesetas soll derjenige Privatmann bestraft werden, welcher in einem öffentlichen oder amtlichen Dokument, in einem Wechsel oder sonst einem kaufmännischen Dokument eine der Fälschungen vornimmt, welche im vorigen Artikel bezeichnet sind.

Art. 316. Mit der um zwei Maße niedrigeren als der für die Fälscher selbst angezeigten Strafe soll derjenige bestraft werden, welcher bei einem Prozeß wissentlich ein falsches Dokument, wie sie in den vorhergehenden Artikeln erwähnt sind, in gewinnsüchtiger Absicht vorlegt oder davon Gebrauch macht.

Art. 317. Mit Besserungs-Gefängnis im Mittel- bis Höchstmaße sollen diejenigen öffentlichen Beamten des Telegraphendienstes bestraft werden, welche eine telegraphische Mitteilung fälschen oder fälschlich anfertigen.

Ebenso wie der Urheber der Fälschung soll auch derjenige bestraft werden, welcher in gewinnsüchtiger Absicht sich der gefälschten telegraphischen Mitteilung bedient.

Zweiter Abschnitt.

Fälschung von Privaturkunden.

Art. 318. Mit Besserungs-Zuchthaus im Mindest- bis Mittelmaße und Geldstrafe von 250 bis 2500 Pesetas soll bestraft werden, wer unter Benachteiligung eines Dritten oder mit der Absicht ihm Schaden zuzufügen, in einer Privaturkunde eine der im Artikel 314 bezeichneten Fälschungen vornimmt.

Art. 319. Mit der um ein Maß niedrigeren Strafe, als wie sie für die Fälscher selbst angezeigt ist, soll derjenige bestraft werden, welcher an der Fälschung selbst zwar nicht teilgenommen hat, dagegen in gewinnsüchtiger Absicht und unter Benachteiligung eines Dritten ein wissentlich gefälschtes Dokument, von denen im vorigen Artikel die Rede ist, in einem Prozeß vorlegt oder davon Gebrauch macht.

Dritter Abschnitt.

Fälschungen von grundbuchlichen Eintragungen (cédulas de vecindad) und sonstigen Bescheinigungen (certificados).

Art. 320. Mit Besserungs-Gefängnis im Mindest- bis Mittelmaß und zeitlicher spezieller Unfähigkeit soll derjenige öffentliche Beamte bestraft werden, welcher unter Mißbrauch seines Amtes eine Beurkundung im Grundbuche unter vorgeschobenem Namen vornehmen läßt oder dieselbe in blanco giebt.

Art. 321. Mit Arrest I im Höchstmaße bei Besserungs-Gefängnis im Mindestmaße und Geldstrafe von 125 bis 1250 Pesetas soll bestraft werden, wer eine falsche urkundliche Angabe für das Grundbuch macht.

Dieselben Strafen sollen diejenigen treffen, welche in einer echten grundbuchlichen Urkunde den Namen der Person ändern, zu deren Gunsten die Urkunde ausgestellt ist oder den Namen der Behörde, welche dieselbe ausgefertigt hat oder in derselben irgend eine für die Beweiskraft erhebliche Änderung vornimmt.

Art. 322. Mit Geldstrafe von 125 bis 1250 Pesetas soll bestraft werden, wer sich der im vorigen Artikel besprochenen Urkunde bedient.

Derselben Strafe sollen diejenigen verfallen, welche zugunsten einer dritten Person Gebrauch von einer echten Grundbuchurkunde machen.

Art. 323. Mit Arrest I im Höchstmaße bis Besserungs-Gefängnis im Mindestmaße und Geldstrafe von 125 bis 1250 Pesetas soll derjenige Arzt bestraft werden, welcher eine falsche Bescheinigung über eine Krankheit oder eine Verletzung mit der Absicht ausstellt, irgend eine Person von einer öffentlichen Dienstleistung zu befreien.

Art. 324. Mit Amtsenthebung im Mittel- bis Höchstmaße und Geldstrafe von 125 bis 1250 Pesetas soll derjenige öffentliche Beamte bestraft werden, welcher eine falsche Bescheinigung über Verdienste oder Dienstleistungen, gute Führung, Armut oder sonstige ähnliche Umstände ausfertigt.

Art. 325. Mit Arrest I wird bestraft, wer als Privatmann ein Zeugnis der im vorigen Artikel erwähnten Art fälscht.

Diese Verfügung ist auch auf denjenigen anzuwenden, der wissentlich Gebrauch von der falschen Bescheinigung macht.

Fünftes Kapitel.

Allgemeine Vorschriften zu den vier vorhergehenden Kapiteln.

Art. 326. Mit denselben Geld- und persönlichen Strafen, nur um ein Maß niedriger wie für die Fälscher selbst, soll derjenige bestraft werden, der Matrizen, Siegel, Marken, oder irgend welche Art von Gegenständen oder Instrumenten herstellt oder einführt, welche erkennbarer Weise zur Herstellung der in den vorhergehenden Kapiteln dieses Titels besprochenen Fälschungen dienen sollen.

Art. 327. Mit denselben Geldstrafen, doch um zwei Maße niedrigeren persönlichen Strafen als wie sie für die Fälscher selbst angezeigt sind, soll derjenige bestraft werden, in dessen Besitz irgendwelche Instrumente oder Gegenstände vorgefunden werden, von denen der vorige Artikel spricht und über deren Erwerb oder Zweck keine genügende Entlastung gegeben werden kann

Art. 328. Mit denselben Geld- und persönlichen Strafen, wie sie für die begangene Fälschung angezeigt sind, jedoch in ihrem Höchstmaße und außerdem mit absoluter zeitlicher Unfähigkeit bis dauernder absoluter Unfähigkeit soll derjenige Beamte bestraft werden, welcher um irgend eine Fälschung zum Nachteile des Staates, einer Korporation oder eines Privatmannes, von denen er abhängt, vorzunehmen, Gebrauch von den ersten Gegenständen oder Instrumenten macht, welche seiner Obhut anvertraut sind.

Art. 329. Mit denselben Geldstrafen, doch um ein Maß niedrigeren persönlichen Strafen, wie für die begangene Fälschung, sollen alle diejenigen bestraft werden, welche zwar nicht im vorigen Artikel erwähnt sind, sich in Besitz der echten Gegenstände oder Instrumente gesetzt haben und sich derselben bedienen, um eine Fälschung zum Nachteile des Staates, einer Korporation oder eines Privatmannes, welchen jene Gegenstände gehören, vorzunehmen.

Art. 330. Kann der Gewinn, welchen die wegen Fälschung in diesem Titel bestraften Personen davongetragen oder zu erlangen sich vorgenommen hatten, abgeschätzt werden, so soll dieselben eine Geldstrafe treffen, welche dem einfachen bis dreifachen Betrage des Gewinnes entspricht; falls der Höchstbetrag dieser Geldstrafe nicht niedriger ist wie das Mindestmaß der für das Verbrechen bestimmten Strafe, in welchem Falle letztere zur Anwendung kommen soll.

Sechstes Kapitel.

Wissentliches betrügerisches Verheimlichen von Vermögen oder industrieller Betätigung, falsches Zeugnis, falsche Anklage und falsche Anzeigen.

Art. 331. Wer auf Ersuchen der zuständigen Verwaltungsbeamten sein ganzes Besitztum, einen Teil desselben, sein Amt oder Beschäftigung, welche er ausübt, nicht angibt mit der Absicht, die Steuern, welche er für den einen oder anderen Fall zu zahlen hätte, zu hinterziehen, soll mit einer Geldstrafe im gleichen bis fünffachen Betrage der Abgaben bestraft werden, welche er hätte leisten sollen; der Betrag darf jedoch in keinem Falle weniger als 125 Pesetas betragen.

Art. 332. Wer in einer Strafsache gegen den Angeklagten falsches Zeugnis abgibt, soll bestraft werden mit:

1. Zeitlicher Kette im Höchstmaße bis lebenslänglich, falls der Angeklagte im Prozeß zum Tode verurteilt und bereits hingerichtet worden ist.

2. Zeitlicher Kette, falls der Angeklagte zu lebenslänglicher Kette im Prozesse verurteilt worden ist und seine Strafe bereits angetreten hat.

3. Zuchthaus I, falls der Angeklagte im Prozesse zu lebenslänglicher Kette verurteilt worden ist, seine Strafe jedoch noch nicht angetreten hat.

4. Besserungs-Zuchthaus im Höchstmaße bis Zuchthaus I im Mindestmaße, wenn der Angeklagte im Prozeß zu einer andern ehrenrührigen Strafe verurteilt ist und dieselbe bereits angetreten hat.

5. Mit Besserungs-Zuchthaus im Mittelmaße bis Zuchthaus I im Mindestmaße, wenn der Angeklagte im Prozeß zu irgend einer anderen ehrenrührigen Strafe verurteilt worden ist und dieselbe noch nicht angetreten hat.

6. Besserungs-Zuchthaus im Mittel- bis Höchstmaß und Geldstrafe von 250 bis 2500 Pesetas, wenn der Angeklagte im Prozeß zu einer Besserungsstrafe verurteilt worden ist und dieselbe bereits angetreten hat.

7. Mit Besserungs-Zuchthaus im Mindest- bis Mittelmaße und Geldstrafe von 150 bis 1500 Pesetas, wenn der Angeklagte im Prozeß zu einer Besserungsstrafe verurteilt ist, dieselbe jedoch noch nicht angetreten hat.

8. Mit Arrest I im Höchstmaße bis Besserungs-Zuchthaus im Mindestmaße und Geldstrafe von 125 bis 1250 Pesetas, wenn der Angeklagte zu einer leichten Strafe verurteilt ist und dieselbe bereits angetreten hat.

9. Mit Arrest I und Geldstrafe von 125 bis 1250 Pesetas, wenn der Angeklagte zu einer leichten Strafe verurteilt ist und deren Verbüßung noch nicht angetreten hat.

Art. 333. Mit Arrest I im Höchstmaße bis Besserungs-Gefängnis im Mittelmaße und Geldstrafe von 150 bis 1500 Pesetas soll derjenige bestraft werden, der in einer Strafsache zugunsten des Angeklagten falsches Zeugnis abgegeben hat, falls es sich um ein Verbrechen handelte; und mit Arrest I, falls es sich nur um ein Vergehen (leichteres Verbrechen) handelte.

Art. 334. Mit Arrest I im Mindest- bis Mittelmaße soll bestraft werden, wer in einer Strafsache wegen eines Verbrechens ein falsches Zeugnis abgiebt, welches den Angeklagten weder schädigt noch ihm günstig ist.

Art. 335. Ist das falsche Zeugnis in einer Zivilsache abgegeben worden, so tritt Arrest I im Höchstmaße bis Besserungs-Zuchthaus im Mittelmaße und Geldstrafe von 250 bis 25 000 Pesetas ein.

Die Strafe soll aber nur Arrest I und Geldstrafe von 125 bis 1250 Pesetas sein, wenn das Klageobjekt den Wert von 50 Duros nicht übersteigt.

Art. 336. Die Strafen der vorigen Artikel sollen im Höchstmaße auf die Sachverständigen Anwendung finden, welche im Prozesse falsche Aussagen machen.

Art. 337. Die Strafen sollen aber im Verhältnis zu den in dem vorigen Artikel bezeichneten eine Verschärfung um ein Maß erhalten, falls die Abgabe der falschen Erklärung seitens der Zeugen oder Sachverständigen auf Besprechung hin geschah; außerdem hat eine Geldstrafe in gleicher bis dreifacher Höhe des Geschenkes oder Versprechens einzutreten.

Wenn das Geld tatsächlich dem Bestochenen ausgehändigt worden ist, so verfällt es der Konfiskation.

Art. 338. Ist die Aussage der Sachverständigen oder Zeugen, ohne in wesentlichen Punkten gegen die Wahrheit zu verstoßen, nur entstellt oder ungenau abgegeben worden, so treten folgende Strafen ein:

1. Geldstrafe von 150 bis 1500 Pesetas, falls die falsche Angabe in einem Prozeß wegen eines Verbrechens geschah.

2. Geldstrafe von 125 bis 1250 Pesetas, wenn dieselbe im Prozeß wegen einer Übertretung oder im Zivilverfahren abgegeben worden ist.

Art. 339. Als schuldig des falschen Zeugnisses wird derjenige bestraft, der wissentlich in einem Prozeß falsche Zeugen oder Dokumente vorbringt.

Art. 340. Das Verbrechen der falschen Anklage oder Anzeige begeht, wer wissentlich einer Person Handlungen unterstellt, welche, falls sie wahr wären, ein Verbrechen darstellen würden, gegen welches von Amtswegen vorgegangen werden muß, falls diese Unterstellung vor einem Verwaltungs- oder richterlichen Beamten geschah, welcher auf Grund seines Amtes der Angelegenheit nachgehen oder dieselbe zur Bestrafung bringen muß.

Trotzdem soll gegen den Ankläger oder Denunzianten nur auf Grund eines feststehenden Erkenntnisses oder richterlichen Befehls vorgegangen werden und zwar unter Übergehung des Gerichts, welches über das angeblich begangene Verbrechen geurteilt hat.

Dieses hat vielmehr den Antrag zu stellen, daß ex officio gegen den falschen Kläger oder Denunzianten vorzugehen ist, falls genügend Material vorhanden ist, um den neuen Prozeß anzustrengen.

Art. 341. Mit Besserungs-Zuchthaus im Mittel- bis Höchstmaße soll der falsche Kläger oder Denunziant bestraft werden, wenn die angeblich begangene Tat ein schweres Verbrechen darstellen würde; mit Besserungs Gefängnis im Mindest- bis Mittelmaße, wenn es sich um ein weniger schweres Verbrechen handeln würde und mit Arrest I, falls die fälschliche Anschuldignng sich auf eine Übertretung bezieht; außerdem soll in jedem Falle auf eine Geldstrafe von 250 bis 2500 Pesetas erkannt werden.

Siebentes Kapitel.

Anmassung amtlicher Befugnisse, Charakter und Titel; unbefugte Führung von Namen, Uniformen, Abzeichen und Orden.

Art. 342. Mit Besserungs-Gefängnis im Mindest- und Mittelmaße wird bestraft, wer ohne gesetzlichen Titel oder Veranlassung und unter Anmaßung amtlichen Charakters Handlungen ausübt, welche nur einer Behörde oder öffentlichen Beamten zukommen.

Art. 343. Mit Arrest I im Höchstmaße bis Besserungs-Gefängnis im Mindestmaße soll derjenige bestraft werden, welcher sich die Eigenschaft als „Professor“ zulegt und öffentliche Handlungen vornimmt, welche einem Berufe eigen sind, der nur auf Grund eines offiziellen Titels ausgeübt werden kann.

Art. 344. Mit Arrest I im Höchstmaße bis Besserungs-Gefängnis im Mindestmaße soll bestraft werden, wer sich die Eigenschaften zur Ausübung von Handlungen anmaßt oder Handlungen tatsächlich ausführt, welche nur dem Diener eines Kultus gestattet sind, der in Spanien Anhänger hat.

Art. 345. Mit Geldstrafe von 250 bis 2500 Pesetas soll bestraft werden, wer Adelsprädikate, die ihm nicht zukommen, führt und sich dieselben öffentlich zulegt.

Art. 346. Mit Arrest I im Mindest- bis Mittelmaße soll bestraft werden, wer sich öffentlich eines falschen Namens bedient.

Arrest I im Mittel- bis Höchstmaße und Geldstrafe von 150 bis 1500 Pesetas tritt dagegen ein, wenn der Gebrauch des falschen Namens den Zweck hatte, ein Verbrechen zu verdecken, einer Bestrafung aus dem Wege zu gehen, dem Staate oder irgend einem Privatmanne einen Schaden zuzufügen.

Unbeschadet der Vorschriften dieses Artikels kann durch die höhere Verwaltungsbehörde, falls berechtigte Gründe vorliegen, die Führung eines angenommenen Namens gesetzlich gestattet werden.

Art. 347. Mit Geldstrafe von 150 bis 1500 Pesetas soll derjenige öffentliche Beamte bestraft werden, welcher bei den ihm zukommenden Amtshandlungen irgend einer Person in Übereinstimmung mit derselben Adelsprädikate oder Namen zuerteilt, welche dem Betreffenden nicht zustehen.

Art. 348. Mit Geldstrafe von 125 bis 1250 Pesetas soll derjenige bestraft werden, welcher öffentlich und unberechtigter Weise sich einer Uniform oder irgend einer Tracht bedient, welche einem ihm nicht zustehenden Amt oder Beschäftigung eigentümlich sind; oder irgend einer Klasse, der er nicht angehört; einem Personenstand, den er nicht besitzt; Insignien oder Auszeichnungen, zu deren Tragen er nicht berechtigt ist.

Fünfter Titel.

Verstöße gegen die Gesetze über Beerdigungen, Grabschändung und Verbrechen gegen die öffentliche Gesundheit.

Erstes Kapitel.

Verstöße gegen die Gesetze über Beerdigungen und Grabschändung.

Art. 349. Mit Arrest I und Geldstrafe von 150 bis 1500 Pesetas soll derjenige bestraft werden, welcher eine Beerdigung vornimmt oder vornehmen läßt unter Zuwiderhandlung gegen die Gesetze oder Vorschriften bezüglich Zeit, Ort oder sonstigen für Beerdigungen vorgeschriebenen Formalitäten.

Art. 350. Mit Arrest I und Geldstrafe von 125 bis 1250 Pesetas soll derjenige bestraft werden, welcher Gräber oder Grabstätten beschädigt oder schändet, indem er irgend welche Handlungen ausführt, welche direkt darauf hinzielen gegen die Achtung, welche man dem Andenken der Toten schuldet, zu verstoßen.

Zweites Kapitel.

Verbrechen gegen die öffentliche Gesundheit.

Art. 351. Mit Arrest I und Geldstrafe von 250 bis 2500 Pesetas soll bestraft werden, wer ohne die nötige behördliche Erlaubnis zu besitzen, gesundheitsschädliche Substanzen oder chemische Produkte, welche geeignet sind, großen Schaden anzurichten, herstellt, um dieselben zu verkaufen, oder dieselben abgibt, verkauft oder mit ihnen handelt.

Art. 352. Mit Arrest I und Geldstrafe von 125 bis 1250 Pesetas soll derjenige bestraft werden, welcher sich zwar im Besitze der behördlichen Erlaubnis für den Vertrieb von Substanzen befindet, die der Gesundheit schaden könnten, oder von chemischen Produkten, wie sie im vorigen Artikel erwähnt werden, dieselben jedoch abgibt oder verkauft, ohne die in den betreffenden Reglements vorgeschriebenen Anordnungen zu erfüllen.

Art. 353. Mit Arrest I im Höchstmaße bis Besserungs-Gefängnis im Mindestmaße, sowie Geldstrafe von 125 bis 1250 Pesetas sollen die Apotheker bestraft werden, welche verdorbene Medikamente oder andere als wie verordnet sind, verkaufen oder dieselben verabfolgen, ohne die in den Gesetzen und Reglements vorgeschriebenen Verordnungen zu erfüllen.

Besserungs-Gefängnis im Mittel- bis Höchstmaße, sowie Geldstrafe von 250 bis 2500 Pesetas trifft den Schuldigen, wenn infolge der Verabreichung des Medikamentes der Tod einer Person eingetreten ist.

Art. 354. Die Verfügungen in den vorhergehenden zwei Artikeln sind auch auf diejenigen anwendbar, welche mit den dort erwähnten Substanzen oder Produkten handeln, sowie auch auf die Angestellten des Apothekers, falls diese schuldig sind.

Art. 355. Mit Geldstrafe von 125 bis 1250 Pesetas soll bestraft werden, wer unter Verstoß gegen die Reglements oder die sonstigen Gesundheitsvorschriften menschliche Reste ausgräbt oder nach einem anderen Orte überführt.

Art. 356. Mit Arrest I im Höchstmaße bis Besserungs-Gefängnis im Mindestmaße und Geldstrafe von 125 bis 1250 Pesetas soll bestraft werden, wer mit irgend einer gesundheitsschädlichen Beimischung Getränke oder Eßwaren, die zum öffentlichen Gebrauch bestimmt sind, vermischt oder verdorbene Waren verkauft oder sonstige Sachen herstellt oder verkauft, deren Gebrauch notwendigerweise gesundheitsschädlich wirkt.

Die vermengten Stoffe oder schädlichen Gegenstände werden stets vernichtet.

Art. 357. Die im vorigen Artikel bezeichnete Strafe soll auch denjenigen treffen, welcher:

1. irgendwelche Sachen verbirgt oder bei Seite bringt, welche vernichtet oder desinfiziert werden sollen, mit der Absicht dieselben zu verkaufen oder zu kaufen.

2. in eine Quelle, Zisterne oder einen Fluß, deren Wasser zum Trinken dient, irgend etwas hineinschüttet, was das Wasser zum Genusse schädlich macht.

Sechster Titel.

Spiel und Lotterie.

Art. 358. Mit Arrest I und Geldstrafe von 250 bis 2500 Pesetas und im Rückfall mit Arrest I im Höchstmaße bis Besserungs-Gefängnis im Mindestmaße und der doppelten Geldstrafe sollen die Banquiers und Inhaber von Glücksspielhäusern, Wett- oder ähnlichen Bureaus bestraft werden.

Die Spieler, welche die genannten Häuser besuchen, trifft Arrest I im Mindestmaße sowie Geldstrafe von 125 bis 1250 Pesetas, Im Rückfalle tritt Arrest I im Mittelmaße und doppelte Geldstrafe ein.

Art. 359. Mit Arrest I im Mindest- bis Mittelmaße sowie Geldstrafe von 125 bis 1250 Pesetas sollen die Unternehmer und Verkäufer von nicht erlaubten Lotterien oder Verlosungen bestraft werden.

Als Betrüger werden diejenigen bestraft, welche beim Spiel oder in einer Verlosung sich betrügerischer Mittel bedienen, um über die Entscheidung zu bestimmen (asegurar la suerte).

Art. 360. Geld, Effekten, Instrumente sowie Utensilien, welche dem Spiel oder der Verlosung dienten, werden konfisziert.

Siebenter Titel.

Verbrechen öffentlicher Beamter bei Ausübung ihrer Befugnisse.

Erstes Kapitel.

Prävarikation.

Art. 361. Der Richter, welcher wissentlich ein ungerechtes Urteil (sentencia injusta) in einer Strafsache gegen einen Angeklagten fällt, soll der in dem Urteilsspruch verhängten Strafe verfallen, falls diese zur Vollstreckung gelangt ist und außerdem zeitlicher absoluter Unfähigkeit im Höchstmaße bis dauernder absoluter Unfähigkeit.

Art. 362. Der Richter, welcher wissentlich ein ungerechtes Urteil gegen einen Angeklagten gefällt hat, soll, falls das Urteil noch nicht zur Vollstreckung gelangt war, mit der um ein Maß niedrigeren Strafe belegt werden, als wie sie in dem ungerechten Urteilsspruch verhängt worden war, falls es sich um ein schweres Verbrechen handelte; Bestrafung mit der um zwei Maße niedrigeren Strafe tritt ein, sobald die Verurteilung wegen eines weniger schweren Verbrechens erfolgt war.

In allen Fällen dieses Artikels soll den Schuldigen außerdem noch die Strafe der speziellen zeitlichen Unfähigkeit im Höchstmaße bis spezieller dauernder Unfähigkeit treffen.

Art. 363. Bestrafung mit Arrest I und zeitlicher spezieller Unfähigkeit im Höchstmaße bis dauernder spezieller Unfähigkeit tritt ein, wenn das ungerechte Urteil gegen den Angeklagten in einem Prozesse wegen einer Übertretung gefällt worden ist.

Art. 364. Mit Besserungs-Gefängnis im Mindest- bis Mittelmaße und zeitlicher spezieller Unfähigkeit im Höchstmaße bis zeitlicher dauernder Unfähigkeit soll derjenige Richter bestraft werden, welcher in einer Strafsache zugunsten des Angeklagten ein ungerechtes Urteil fällt, falls der Prozeß wegen eines schweren Verbrechens anhängig gemacht worden war; mit Arrest I im Höchstmaße bis Besserungs-Gefängnis im Mittelmaße, sowie Unfähigkeit im gleichen Maße wie vorstehend, wenn es sich um ein minder schweres Verbrechen gehandelt hat; mit Arrest I im Mindestmaße und Amtsenthebung, wenn es eine Übertretung betraf.

Art. 365. Mit Arrest I im Mittelmaße bis Besserungs-Gefängnis im Mindestmaße und zeitlicher spezieller Unfähigkeit im Höchstmaße bis zeitlicher dauernder Unfähigkeit soll der Richter bestraft werden, welcher wissentlich in einem Zivilprozeß ein ungerechtes Urteil gefällt hat.

Art. 366. Mit zeitlicher spezieller Unfähigkeit im Höchstmaße bis dauernder spezieller Unfähigkeit soll derjenige Richter bestraft werden, welcher aus unentschuldbarer Nachlässigkeit oder Unwissenheit in einem Zivil- oder Strafprozeß ein offensichtlich ungerechtes Urteil gefällt hat.

Art. 367. Amtsenthebung wird über den Richter verhängt, welcher ein ungerechtes Zwischenurteil fällt (providencia interlocutoria).

Art. 368. Bestrafung mit Amtsenthebung tritt ein, falls der Richter unter dem Vorwande: der Sinn des Gesetzes sei nicht klar oder nicht erschöpfend oder das Gesetz schweige überhaupt über den strittigen Fall (so pretesto de oscuridad, insuficencia o silencio de la ley), sich weigert, ein Urteil zu fällen.

Gleiche Strafe trifft den Richter für böswillige Verschleppung bei Handhabung der Gerichtspflege.

Art. 369. Mit zeitlicher spezieller Unfähigkeit im Höchstmaße bis spezieller dauernder Unfähigkeit soll derjenige öffentliche Beamte bestraft werden, welcher in einem Verwaltungsstreitverfahren oder bloß Verwaltungsverfahren ein wissentlich falsches vorläufiges Erkenntnis oder Entscheidung fällt oder falsch begutachtet.

Mit gleicher Strafe soll der öffentliche Beamte bestraft werden, welcher in einem Verwaltungsstreitverfahren oder einem Verwaltungsverfahren aus unentschuldbarer Nachlässigkeit oder Unwissenheit ein offensichtlich ungerechtes vorläufiges Erkenntnis oder Entscheidung fällt.

Art. 370. Mit zeitlicher spezieller Unfähigkeit im Höchstmaße bis dauernder spezieller Unfähigkeit soll derjenige öffentliche Beamte bestraft werden, welcher unter Verletzung seiner Amtsobliegenheiten es böswilliger Weise unterläßt, die Strafverfolgung oder Bestrafung von Schuldigen zu betreiben.

Art. 371. Mit Geldstrafe von 250 bis 2500 Pesetas soll derjenige Advokat oder Vertreter bestraft werden, welcher unter böswilligem Mißbrauch seines Amtes oder aus unentschuldbarer Nachlässigkeit oder Unwissenheit seinen Klienten benachteiligt oder seine Geheimnisse aufdeckt, von denen er bei Ausübung seines Amtes Kenntnis erlangt hatte.

Art. 372. Mit zeitlicher absoluter Unfähigkeit und Geldstrafe von 125 bis 1250 Pesetas soll derjenige Advokat oder Vertreter bestraft werden, welcher, nachdem er die Verteidigung einer Partei tatsächlich übernommen hat, hinterher ohne Einwilligung der ersten Partei den Gegner bei demselben Rechtsstreite verteidigt oder ihm Ratschläge gibt.

Zweites Kapitel.

Untreue bei Bewachung von Gefangenen.

Art. 373. Derjenige öffentliche Beamte, welcher der Nachlässigkeit bei dem Entweichen eines Gefangenen, dessen Überführung oder Obhut ihm anvertraut war, schuldig ist, soll bestraft werden mit:

1. der um zwei Maße niedrigeren Strafe wie derjenigen, welche über den Flüchtling auf Grund eines Strafvollstreckungsbefehls verhängt worden ist, und außerdem mit zeitlicher spezieller Unfähigkeit im Höchstmaße bis dauernder spezieller Unfähigkeit.

2. der um drei Maße niedrigeren Strafe, als wie sie sich im Gesetz für das Verbrechen angezeigt findet, wegen dessen dem Flüchtling der Prozeß gemacht worden ist und außerdem mit zeitlicher spezieller Unfähigkeit.

Art. 374. Der Privatmann, welcher mit dem Transport oder der Bewachung eines verhafteten Gefangenen betraut, eins der im vorhergehenden Artikel besprochenen Verbrechen begeht, soll mit den um ein Maß niedrigeren Strafen bestraft werden, als wie sie sich für den öffentlichen Beamten angezeigt finden.

Drittes Kapitel.

Untreue bei Aufbewahrung von Dokumenten.

Art. 375. Derjenige öffentliche Beamte, welcher Dokumente oder Papiere, die in Anbetracht seines Amtes ihm anvertraut sind, beiseite bringt, zerstört oder versteckt, soll bestraft werden mit:

1. Gefängnis I und Geldstrafe von 250 bis 2500 Pesetas, falls aus der Tat ein schwerer Schaden für einen Dritten oder das öffentliche Wohl entstanden ist.

2. Mit Besserungs - Gefängnis im Mindest- bis Mittelmaße und Geldstrafe von 125 bis 1250 Pesetas, falls der einem Dritten oder dem öffentlichen Wohle zugefügte Schaden nicht schwer ist.

In beiden Fällen tritt außerdem noch Bestrafung mit zeitlicher spezieller Unfähigkeit im Höchstmaße bis dauernder spezieller Unfähigkeit ein.

Art. 376. Mit Besserungs-Gefängnis im Mindest- bis Mittelmaße, zeitlicher spezieller Unfähigkeit im Höchstmaße bis dauernder spezieller Unfähigkeit und Geldstrafe von 250 bis 2500 Pesetas soll derjenige öffentliche Beamte bestraft werden, welcher die ihm kraft seines Amtes zur Aufbewahrung übergebenen behördlich versiegelten Papiere oder Effekten ihrer Siegel erbricht oder in ihre Aufbrechung einwilligt.

Art. 377. Mit Arrest I, zeitlicher spezieller Unfähigkeit und Geldstrafe von 125 bis 1250 Pesetas soll derjenige im vorigen Artikel nicht erwähnte öffentliche Beamte bestraft werden, welcher verschlossene, seiner Obhut anvertraute Papiere oder Dokumente öffnet oder ohne Erlaubnis der zuständigen Behörde in ihre Eröffnung einwilligt.

Die in den drei vorhergehenden Artikeln angezeigten Strafen sind auch auf die Geistlichen sowie auf diejenigen Privatleute anwendbar, welche zufällig mit der Ausgabe oder Bewachung der Papiere oder Dokumente durch die Regierung oder Beamte beauftragt sind, denen die besagten Effekten in Ansehen ihres Amtes anvertraut waren.

Viertes Kapitel.

Verletzung von Geheimnissen.

Art. 378. Mit Amtsentsetzung im Mindest- bis Mittelmaße und Geldstrafe von 125 bis 1250 Pesetas soll derjenige öffentliche Beamte bestraft werden, welcher Geheimnisse, von denen er kraft seines Amtes Kenntnis hatte, enthüllt oder Papiere sowie Kopien von Papieren, welche ihm anvertraut sind und nicht veröffentlicht werden dürfen, unberechtigter Weise aushändigt.

Bestrafung mit zeitlicher spezieller Unfähigkeit im Höchstmaße bis dauernder spezieller Unfähigkeit und Besserungs-Gefängnis im Mittel- bis Höchstmaße tritt ein, falls aus der Enthüllung oder Herausgabe von Papieren eine schwere Schädigung des öffentlichen Wohles (causa publica) eingetreten ist.

Art. 379. Mit Amtsenthebung, Arrest I sowie Geldstrafe von 125 bis 1250 Pesetas soll derjenige öffentliche Beamte bestraft werden, welcher die Geheimnisse einer Privatperson, die ihm kraft seines Amtes bekannt sind, aufdeckt.

Fünftes Kapitel

Ungehorsam und Verweigerung von Hilfe.

Art. 380. Mit spezieller zeitlicher Unfähigkeit im Höchstmaße bis dauernder spezieller Unfähigkeit sowie Geldstrafe von 150 bis 1500 Pesetas sollen diejenigen richterlichen oder Verwaltungsbeamten bestraft werden, welche sich offen weigern Urteilssprüchen, Entscheidungen oder Befehlen einer höheren Behörde, die ihnen innerhalb der Grenzen ihrer entsprechenden Zuständigkeit gegeben und mit den gesetzlichen Erfordernissen ausgestattet sind, in gehöriger Weise nachzukommen (dar el debido cumplimiento).

Trotz der Vorschriften im vorigen Paragraphen sollen in keiner Weise strafrechtlich diejenigen öffentlichen Beamten verantwortlich gemacht werden können, welche einem administrativen Befehl nicht Folge gegeben haben, der offensichtlich, klar und ausgesprochener Maßen eine Verletzung einer verfassungsmäßigen Vorschrift darstellt.

Ebensowenig sollen diejenigen als Behörde konstituierten öffentlichen Beamten strafrechtlich belangt werden können, welche einem Befehl gleicher Art nicht Folge leisten, der offensichtlich, klar und ausgesprochener Maßen irgend ein anderes Gesetz verletzt.

Art. 381. Mit spezieller dauernder Unfähigkeit und Besserungs-Gefängnis im Mindest- bis Mittelmaße soll derjenige Beamte bestraft werden, welcher aus irgend einem nicht im zweiten Abschnitte des vorigen Artikels ausgesprochenen Grunde die Ausführung der Befehle seiner Vorgesetzten suspendiert hat und nachdem die Vorgesetzten den Aufschub gemißbilligt, ihnen trotzdem den Gehorsam verweigert.

Art. 382. Mit Amtsenthebung im Mindest- bis Mittelmaße und Geldstrafe von 125 bis 1250 Pesetas soll derjenige öffentliche Beamte bestraft werden, welcher von der zuständigen Behörde aufgefordert, die schuldige Hilfe bei Ausübung der richterlichen Tätigkeit oder sonst einer öffentlichen Dienstleistung nicht gewährt.

Bestrafung mit spezieller dauernder Unfähigkeit und Geldstrafe von 150 bis 1500 Pesetas tritt ein, falls aus der Unterlassung ein schwerer Schaden für das öffentliche Wohl oder einen Dritten entstanden ist.

Art. 383. Mit Geldstrafe von 150 bis 1500 Pesetas soll bestraft werden, wer ein öffentliches Amt aus Volkswahl zurückweist oder auszuüben sich weigert, ohne der zuständigen Behörde eine gesetzliche Entschuldigung vorzulegen oder in seiner Weigerung fortfährt, nachdem der Entschuldigungsgrund verworfen worden ist.

Derselben Strafe soll der Geschworene verfallen, welcher ohne zugelassene Entschuldigung aus freien Stücken die Ausübung seines Amtes unterläßt; ferner der Sachverständige und Zeuge, welche, obwohl in gehöriger Weise hierzu aufgefordert, ebenfalls aus freien Stücken es unterlassen haben vor Gericht zu erscheinen und ihre Erklärungen abzugeben.

Sechstes Kapitel.

Vorwegnahme, Verlängerung und Aufgabe von öffentlichen Ämtern.

Art. 384. Mit Geldstrafe von 125 bis 1250 Pesetas soll bestraft werden, wer ein öffentliches Amt oder Beruf auszuüben beginnt, ohne vorher in der notwendigen Form den Eid oder die vom Gesetz geforderte Bürgschaft geleistet zu haben; überdies bleibt derselbe solange vom Amt oder Beruf suspendiert, bis er die notwendigen Formalitäten erfüllt hat.

Art. 385. Mit zeitlicher spezieller Unfähigkeit im Mindestmaße und Geldstrafe von 125 bis 1250 Pesetas soll derjenige öffentliche Beamte bestraft werden, welcher in der Ausübung seines Amtes,

Berufes oder Auftrages fortfährt, nachdem er dieselben gemäß den Gesetzen, Reglements oder speziellen Verfügungen seines entsprechenden Berufszweiges, wieder hätte abtreten müssen.

Außerdem soll der Beamte, welcher sich irgend einer der in den zwei vorhergehenden Artikeln bestraften Verbrechen schuldig gemacht und irgendwelche Rechte oder Vergütungen (emolumentos) in Anbetracht seines Amtes oder Auftrages erhalten hat, nachdem er sein Amt zu früh angetreten oder nicht pflichtschuldigst abgegeben hatte, zur Rückgabe mit einer Bestrafung im Werte von 10 bis 50% des Betrages verurteilt werden.

Art. 387. Amtsenthebung im Mittel- bis Höchstmaße trifft den öffentlichen Beamten, welcher seinen Posten unter Schädigung des öffentlichen Wohles aufgibt, ohne daß sein Verzicht auf sein Amt angenommen wäre.

Geschah das Verlassen des Postens zu dem Zweck, irgend eines der in den Titeln 1 und 2 des 2. Buches dieses Gesetzbuches aufgezählten Verbrechen nicht zu verhindern, nicht zu verfolgen oder nicht zu bestrafen, so soll den Schuldigeu Besserungs-Gefängnis im Mindest- bis Mittelmaße treffen; Arrest I tritt ein, falls der Zweck, die Nicht-Verhinderung, Nicht-Verfolgung oder Nicht-Bestrafung irgend eines andern Verbrechens war.

Siebentes Kapitel.

Anmaßung von Befuguissen und ungesetzliche Ernennungen.

Art. 388. Mit zeitlicher spezieller Unfähigkeit und Geldstrafe von 150 bis 1500 Pesetas soll derjenige öffentliche Beamte bestraft werden, welcher in die Befugnisse der gesetzgebenden Gewalt eingreift, indem er entweder Reglements oder allgemeine Verfügungen diktiert und hierbei über seine Befugnisse hinausgeht, oder die Ausführung eines Gesetzes aufhebt oder aufschiebt.

Art. 389. Mit Amtsenthebung wird der Richter bestraft, welcher für sich Befugnisse in Anspruch nimmt, die Verwaltungsbehörden zukommen oder letztere an der Ausübung der ihnen zustehenden Rechte hindert.

Derselben Strafe soll jeder Beamter der Verwaltungsbehörde verfallen, welcher sich richterliche Befugnisse anmaßt oder die Ausführung einer vom zuständigen Richter angeordneten Vorsichtsmaßregel oder Entscheidung hindert.

Art. 390. Mit Geldstrafe von 125 bis 1250 Pesetas soll derjenige öffentliche Beamte bestraft werden, welcher in gesetzmäßiger Weise zur Einstellung des Prozesses aufgefordert mit der Prozeßführung fortfährt, bevor der Streit über die gerichtliche Zuständigkeit entschieden ist.

Art. 391. Mit Amtsenthebung im Mindest- bis Mittelmaße und Geldstrafe von 250 bis 2500 Pesetas sollen diejenigen Verwaltungs- oder Militärbeamten bestraft werden, welche Befehle oder Einschüchterungsversuche an eine richterliche Behörde richten, die sich auf Geschäfte oder Prozesse beziehen, deren Kenntnisnahme oder Entscheidung zur ausdrücklichen Kompetenz der Gerichtshöfe gehören.

Art. 392. Mit zeitlicher spezieller Unfähigkeit wird der Geistliche bestraft, welcher vom zuständigen Gerichte aufgefordert sich weigert, die für die Entscheidung einer wegen Rechtsverweigerung eingelegten Klage eingeforderten Akten einzusenden.

Im Rückfall tritt Bestrafung mit dauernder spezieller Unfähigkeit ein.

Art. 393. Mit Amtsenthebung und Geldstrafe von 125 bis 1250 Pesetas soll derjenige öffentliche Beamte bestraft werden, welcher wissentlich für ein öffentliches Amt eine Person vorschlägt oder ernennt, welche nicht die gesetzlichen Erfordernisse besitzt.

Achtes Kapitel.

Mißbräuche gegen die Ehrbarkeit.

Art. 394. Mit zeitlicher spezieller Unfähigkeit soll derjenige öffentliche Beamte bestraft werden, welcher an eine Frau Anträge stellt, welche von seiner Entschließung abhängige Ansprüche hat oder bezüglich deren er Ermittelungen anzustellen oder seinem Vorgesetzten Bericht zu erstatten hat.

Art. 395. Der Gefängniswärter, welcher an eine Frau Anträge stellt, welche seiner Bewachung übergeben ist, soll mit Besserungs-Gefängnis im Mittel- bis Höchstmaße bestraft werden.

Ist die beleidigte Frauensperson die Gattin, Tochter, Schwester oder Verwandte in denselben Verwandtschaftsgraden, so soll die Strafe Besserungs-Gefängnis im Mindest- bis Mittelmaße sein.

In jedem Fall tritt Bestrafung mit spezieller zeitlicher Unfähigkeit im Höchstmaße bis spezieller dauernder Unfähigkeit ein.

Neuntes Kapitel.

Bestechung.

Art. 396. Mit Besserungs-Zuchthaus im Mindest- bis Mittelmaße und Geldstrafe im doppelten bis dreifachen Betrage des Geschenkes soll derjenige öffentliche Beamte bestraft werden, welcher für sich oder durch eine Mittelsperson Geschenke oder Zuwendungen annimmt, oder Anerbietungen oder Versprechungen akzeptiert, um eine Handlung, die sich auf Ausübung seines Amtes bezieht und ein Verbrechen darstellen würde, auszuführen; unbeschadet der Strafen, welche dem Verbrechen entsprechen, welches wegen des Geschenkes oder Versprechens begangen ist, falls es wirklich zur Ausführung gelangt ist.

Art. 397. Mit Besserungs-Zuchthaus im Mindest- bis Mittelmaße und Geldstrafe im doppelten bis dreifachen Werte des Geschenkes soll derjenige öffentliche Beamte bestraft werden, welcher für sich oder durch eine Mittelsperson ein Geschenk oder eine Zuwendung annimmt, eine Anerbietung oder ein Versprechen akzeptiert, um eine ungerechte Handlung auszuführen, welche sich auf die Ausübung seines Amtes bezieht, aber kein Verbrechen darstellt und diese auch tatsächlich zur Ausführung bringt.

Arrest I im Höchstmaße bis Besserungs-Zuchthaus im Mindestmaße, sowie Geldstrafe im gleichen bis doppelten Betrage des Geschenkes tritt ein, wenn die ungerechte Handlung nicht zur Ausführung gelangt ist.

Art. 398. Arrest I im Mittel- bis Höchstmaße und Geldstrafe im gleichen bis dreifachen Betrage des Geschenkes tritt ein, wenn das angenommene Geschenk oder Versprechen bezweckte, den öffentlichen Beamten von einer Handlung zurückzuhalten, welche er bei Ausübung seiner Amtstätigkeit vornehmen müßte.

Art. 399. Die Vorschriften der vorhergehenden Artikel finden auch Anwendung auf die Geschworenen, Schiedsrichter, Sachverständigen, Begutachter und Vertrauenspersonen, sowie jedwede andere Person, welche ein öffentliches Amt bekleidet.

Art. 400. Außer den festgesetzten Strafen trifft noch zeitliche spezielle Unfähigkeit diejenigen Personen, welche sich der in den vorhergehenden Artikeln besprochenen Verbrechen strafrechtlich schuldig gemacht haben.

Art. 401. Mit Amtsenthebung im Mindest- bis Mittelmaße und öffentlichem Verweis soll der öffentliche Beamte bestraft werden, welcher Geschenke annimmt, die ihm in Anbetracht seines Amtes dargebracht worden sind.

Art. 402. Mit denselben Strafen wie die bestochenen Beamten — außer mit Unfähigkeit — sollen diejenigen Personen bestraft werden, welche mit Geschenken, Zuwendungen, Anerbietungen oder Versprechungen die öffentlichen Beamten bestochen haben.

Art. 403. Ist die Bestechung in einer Strafsache zugunsten des Angeklagten seitens seiner Gattin oder irgend eines Ascendenten, Descendenten, Bruders oder Verwandten in denselben Graden erfolgt, so soll den Bestechenden nur eine Geldstrafe in der gleichen Höhe des Geschenkes oder Versprechens treffen.

Art. 404. In jedem Falle verfallen die Geschenke und Zuwendungen der Konfiskation.

Zehntes Kapitel.

Schlechte Verwaltung öffentlicher Gelder.

Art. 405. Der öffentliche Beamte, welcher in Ansehung seines Amtes öffentliche Gelder oder Effekten unter sich hat und dieselben hinterzieht oder duldet, daß andere sie hinterziehen, soll bestraft werden mit:

1. Arrest I im Höchstmaße bis Besserungs-Zuchthaus im Mindestmaße, wenn die Hinterziehung 50 Pesetas nicht überschreitet.

2. Besserungs-Zuchthaus im Mittel- bis Höchstmaße, wenn der Betrag 50 Pesetas überschreitet und über 2500 Pesetas nicht hinausgeht.

3. Zuchthaus I, wenn der Betrag 2500 Pesetas übersteigt, aber über 50000 Pesetas nicht hinausgeht.

4. Zeitliche Kette, wenn der Betrag 50000 Pesetas übersteigt.

In allen Fällen tritt zeitliche spezielle Unfähigkeit im Höchstmaße bis dauernde absolute Unfähigkeit ein.

Art. 406. Mit Geldstrafe in gleicher Höhe wie die hinterzogenen Summen oder Effekten soll der öffentliche Beamte bestraft werden, welcher durch unentschuldbare Nachlässigkeit oder Verlassen seines Postens (abandono) Gelegenheit dazu gegeben hat, daß eine andere Person öffentliche Gelder oder Effekten unterschlägt, von denen die Nummern 2, 3 und 4 des vorigen Artikels handeln.

Art. 407. Mit zeitlicher spezieller Unfähigkeit und Geldstrafe von 20 bis 50 pCt. der unterschlagenen Summe soll der öffentliche Beamte bestraft werden, welcher zum Schaden oder unter Erschwerung des öffentlichen Wohles zu eigenem oder fremden Nutzen die ihm anvertrauten Gelder oder Effekten verwendet.

Tritt keine Rückerstattung ein, so treffen den Schuldigeu die in Artikel 405 angezeigten Strafen.

Hat der unberechtigte Gebrauch des Geldes ohne Schädigung oder Erschwerung des öffentlichen Dienstes stattgefunden, so tritt Amtsenthebung und Geldstrafe von 5 bis 25 pCt. der unterschlagenen Summe ein.

Art. 408. Mit zeitlicher Unfähigkeit sowie einer Geldstrafe von 5 bis 50 pCt. der unterschlagenen Summe soll derjenige öffentliche Beamte bestraft werden, welcher den von ihm verwalteten Geldern oder Effekten zwar eine öffentliche, aber eine andere als ihnen ursprünglich zugedachte Verwendung gibt, falls hieraus eine Schädigung oder Beeinträchtigung des Dienstes entstanden ist, zu welchem sie bestimmt worden waren; ist dies nicht der Fall, so tritt nur Amtsenthebung ein.

Art. 409. Mit Amtsenthebung und Geldstrafe von 5 bis 25 pCt. der nicht geleisteten Summe soll der öffentliche Beamte bestraft werden, welcher als Aufbewahrer staatlicher Gelder eine Zahlung nicht leistet, die er leisten sollte.

Diese Bestimmung ist auch auf denjenigen öffentlichen Beamten anwendbar, welcher auf Ersuchen der zuständigen Behörde sich weigert, einen Gegenstand herauszugeben, welchen er unter seiner Obhut oder Verwaltung hat.

Die Geldstrafe hat sich in diesem Falle nach dem Werte der Sache zu richten und kann nicht unter 125 Pesetas bleiben.

Art. 410. Die Verfügungen dieses Kapitels sind auch auf diejenigen Personen anwendbar, welche zufällig und aus irgend einem Grunde mit städtischen oder provinzialen Fonds, Renten oder Effekten betraut sind, oder dem Eigentum einer Bildungs- oder Wohltätigkeitsanstalt, sowie auf die Verwalter und Depositare von Vermögen, welche durch eine öffentliche Behörde mit Beschlag belegt, sequestriert oder hinterlegt sind, auch wenn dieselben Privatleuten gehören.

Elftes Kapitel.

Unterschleife und ungesetzliche Erhebung von Gebühren.

Art. 411. Mit Besserungs-Zuchthaus im Mittel- bis Höchstmaße und zeitlicher spezieller Unfähigkeit im Höchstmaße bis zu dauernder spezieller Unfähigkeit soll derjenige öffentliche Beamte bestraft werden, welcher kraft seines Amtes bei der Besorgung von Lieferungen, bei Abschluß von Kontrakten, Vereinbarungen, Liquidationen von öffentlichen Effekten oder Besitz zu intervenieren hat und sich hierbei mit den Interessenten oder Spekulanten einigt oder sonst irgend einen Kunstgriff anwendet, um den Staat zu betrügen.

Art. 412. Mit zeitlicher spezieller Unfähigkeit und Geldstrafe von 10 bis 50 pCt. vom Werte des pekuniären Interesses, welches er am Geschäft hatte, soll derjenige öffentliche Beamte bestraft werden, welcher direkt oder indirekt an irgend einem Kontrakt oder einer geschäftlichen Operation, bei welcher er kraft seines Amtes in Tätigkeit zu treten hatte, sich interessiert hat.

Diese Bestimmung ist auch anwendbar auf die Sachverständigen, Schiedsrichter und privaten Bücherrevisoren hinsichtlich der Güter oder Sachen, welche ihrer Taxation unterliegen oder zu deren Teilung oder Zusprechung sie herangezogen sind, sowie auf die Vormünder, Pfleger oder Testamentsvollstrecker hinsichtlich des Eigentums ihrer Mündel oder der Erbberechtigten.

Art. 413. Mit einer Geldstrafe im doppelten bis dreifachen Wert der beanspruchten Summe soll derjenige öffentliche Beamte bestraft werden, welcher direkt oder indirekt höhere Gebühren beansprucht, als wie sie ihm kraft seines Amtes zustehen.

Wer sich gewohnheitsmäßig dieses Verbrechens schuldig macht, wird außerdem mit zeitlicher spezieller Unfähigkeit bestraft.

Art. 414. Den öffentlichen Beamten, welcher unter Mißbrauch seines Amtes irgend eines der in Kapitel 4, Abschnitt 2, Titel 13 dieses Buches besprochenen Verbrechen begeht, soll außer den daselbst angezeigten Strafen zeitliche spezielle Unfähigkeit im Höchstmaße bis dauernde spezielle Unfähigkeit treffen.

Zwölftes Kapitel,

Geschäfte, welche Beamten untersagt sind.

Art. 415. Mit Amtsenthebung und Geldstrafe von 250 bis 2500 Pesetas sollen diejenigen Richter, Beamten des Finanzministeriums, militärischen Chefs, Verwaltungs- oder Finanzbeamten einer Provinz oder eines Distrikts mit Ausnahme der Alcalden (Stadtverordneten) bestraft werden, welche während Ausübung ihres Amtes sich direkt oder indirekt mit Geld-, Handels- oder Erwerbsgeschäften innerhalb der Grenzen ihrer Jurisdiktion oder Befehlsgewalt befassen, bezüglich aller Objekte, welche nicht aus ihrem eigenen Vermögen stammen.

Diese Verfügung ist nicht anwendbar auf diejenigen, welche ihr Vermögen in Aktien einer Bank, irgendwelcher Unternehmung oder Kompagnie angelegt haben, vorausgesetzt, daß sie hierbei kein Amt oder direkte Verwaltungs- oder finanzielle Tätigkeit ausüben.

Dreizehntes Kapitel,

Allgemeine Verfügung.

Art. 416. Als öffentlicher Beamter soll hinsichtlich der Wirkungen dieses, sowie des vorhergehenden Titels in diesem Buche Jeder angesehen werden, welcher auf direkte gesetzliche Verfügung hin oder durch Volkswahl oder durch Ernennung einer hierzu befugten Behörde an der Ausübung öffentlicher Amtstätigkeit teilnimmt.

Achter Titel.

Verbrechen gegen Personen.

Erstes Kapitel.

Verwandtenmord (Parricidio).

Art. 417. Mit lebenslänglicher Kette oder mit dem Tode wird als Vatermörder bestraft, wer seinen Vater, Mutter oder Kind, mögen sie legitim oder illegitim sein, oder irgend einen seinen Ascendenten oder Descendenten oder seinen Gatten tötet.

Zweites Kapitel.

Mord (Asesinato).

Art. 418. Schuldig des Mordes ist derjenige, welcher — ohne im vorhergehenden Artikel genannt zu sein — irgend eine andere Person tötet und hierbei einer der folgenden Umstände zutrifft:

1. Hinterlist.
2. Auf eine Belohnung oder ein Versprechen hin.
3. Mittels Überschwemmung, Brandstiftung oder Gift.
4. Mit ersichtlichem Vorbedacht (premeditacion conocida).
5. Mit Grausamkeit, indem in überlegter und unmenschlicher Weise der Schmerz der Angegriffenen vermehrt wird.

Wer schuldig des Mordes ist, soll mit zeitlicher Kette im Höchstmaße oder mit dem Tode bestraft werden.

Drittes Kapitel.

Tötung (homicidio).

Art. 419. Der Tötung schuldig ist derjenige, welcher — ohne im Artikel 417 genannt zu sein — einen anderen tötet und hierbei keiner der im vorigen Artikel genanten Umstände zutrifft.

Wer der Tötung schuldig ist, soll mit zeitlicher Zwangsarbeit bestraft werden.

Art. 420. Bestrafung mit Gefängnis I tritt ein, falls, wenn mehrere Personen sich im Streite gegenseitig angreifen und hierbei ein Todesfall eintritt und es nicht feststeht, wer der Täter ist; wohl aber diejenigen festgestellt sind, welche schwere Verletzungen verursacht haben.

Sind auch diejenigen nicht festzustellen, welche dem Angegriffenen schwere Verletzungen beigebracht haben, so sollen alle diejenigen, welche ihm gegenüber Gewalttätigkeiten begangen haben, mit Besserungs-Gefängnis im Mittel- bis Höchstmaße bestraft werden.

Art. 421. Mit Gefängnis I wird bestraft, wer einem anderen Hülfe leistet, der sich selbst ums Leben bringen will; geht die Hülfeleistung des Betreffenden soweit, daß er selbst den Tod herbeiführt, so tritt Bestrafung mit zeitlicher Zwangsarbeit ein.

Viertes Kapitel.

Allgemeine Vorschriften zu den drei vorhergehenden Kapiteln.

Art. 422. Die Gerichte können in Ansehung der näheren Tatumstände, das fehlgeschlagene Verbrechen des Verwandtenmordes, Mordes und Tötung nach Artikel 66 mit der um ein Grad niedrigeren Strafe belegen, wie sie der Tat zukommen würde.

In gleicher Weise kann auch, je nach den näheren Umständen, die nach Artikel 67 auf den Versuch gesetzte Strafe um ein Maß erniedrigt werden.

Art. 423. Die Tatsache, gegen irgend eine Person eine Feuerwaffe abgefeuert zu haben, wird mit Besserungs-Gefängnis im Mindest- bis Mittelmaß bestraft, falls bei der Tat nicht alle die Tatbestandsmerkmale zutreffen, welche notwendig sind, um das fehlgeschlagene oder versuchte Verbrechen des Verwandtenmordes, Mordes, Tötung oder irgend eines anderen Verbrechens zu begründen, für welches eine höhere Strafe auf Grund eines Artikels dieses Gesetzbuches bestimmt ist.

Fünftes Kapitel.

Kindestötung.

Art. 424. Mit Besserungs-Gefängnis im Mindest- bis Mittelmaße soll diejenige Mutter bestraft werden, welche um ihre Schande zu verbergen, ihr Kind getötet hat, falls dieses noch nicht drei Tage alt war.

Mit Gefängnis I sollen die Großeltern bestraft werden, welche um die Schande der Mutter zu verbergen, dieses Verbrechen begangen haben.

Mit Ausnahme dieser beiden Fälle tritt für denjenigen, welcher ein eben geborenes Kind tötet, je nach dem betreffenden Falle, Bestrafung wegen Verwandtenmordes odes Mordes ein.

Sechstes Kapitel.

Abtreibung.

Art. 425. Wer vorsetzlich einen Abort verursacht, wird bestraft:

1. Mit zeitlicher Zwangsarbeit, falls er Gewalt gegen die schwangere Frau angewandt hat.

2. Mit Gefängnis I, falls er zwar keine Gewalt angewandt, aber doch ohne Einwilligung der Frau gehandelt hat.

3. Mit Besserungs-Gefängnis im Mittel- bis Höchstmaße, falls die Frau eingewilligt hat.

Art. 426. Mit Besserungs-Gefängnis im Mindest- bis Mittelmaße wird der Abort bestraft, welcher auf gewaltsamen Wege erreicht, aber nicht beabsichtigt war.

Art. 427. Mit Besserungs-Gefängnis im Mittel- bis Höchstmaße soll die Frau bestraft werden, welche einen Abort an sich selbst verursacht oder erlaubt, daß eine andere Person ihn bei ihr herbeiführt.

Besserungs-Gefängnis im Mindest- bis Mittelmaße tritt ein, falls die Tat geschehen ist, um die Schande zu verbergen.

Art- 428. Der Arzt, welcher unter Mißbrauch seiner Kunst den Abort herbeiführt oder dabei hilft, soll der entsprechenden Strafe im Höchstmaße verfallen, wie sie sich im Artikel 425 angezeigt finden.

Der Apotheker, welcher ohne die nötige ärztliche Vorschrift ein Abtreibemittel verabfolgt, soll mit Arrest I und Geldstrafe von 125 bis 1250 Pesetas bestraft werden.

Siebentes Kapitel.

Körperverletzung.

Art. 429. Wer einen anderen vorsätzlich kastriert, soll mit zeitlicher bis lebenslänglicher Zwangsarbeit bestraft werden.

Art. 430. Jedwede andere gleichfalls vorsätzliche Verstimmelung soll mit zeitlicher Zwangsarbeit bestraft werden.

Art. 431. Wer einen anderen tätlich verwundet, schlägt oder mißhandelt, soll als schuldig der schweren Körperverletzung bestraft werden mit:

1. Gefängnis I, falls der Angegriffene infolge der Verletzungen taubstumm, inpotent oder blind bleibt.

2. Mit Besserungs-Gefängnis im Mittel- bis Höchstmaße, falls infolge der Verletzungen der Angegriffene ein Auge oder irgend ein anderes hauptsächliches Glied verloren hat oder dauernd darin behindert bleibt oder untauglich zu der Arbeit geworden ist, welcher er sich gewohnheitsmäßig gewidmet hatte.

3. Mit Besserungs-Gefängnis im Mindest- und Mittelmaße, wenn der Angegriffene infolge der Verletzungen entstellt geblieben ist, ein nicht hauptsächliches Glied verloren hat oder ihm der Gebrauch desselben unmöglich gemacht worden oder er für die von ihm gewohnheitsmäßig geleistete Arbeit für mehr wie 90 Tage arbeitsunfähig geblieben ist.

4. Mit Arrest I im Höchstmaße bis Besserungs-Gefängnis im Mindestmaße, falls die Verletzungen dem Angegriffenen eine Krankheit oder Arbeitsunfähigkeit für mehr wie 30 Tage verursacht haben.

Ist die Tat begangen worden gegen irgend eine der Personen, welche der Artikel 417 erwähnt, oder unter irgend welchen Umständen, welche im Artikel 418 aufgezählt sind, so sollen die Strafen sein: zeitliche Zwangsarbeit im Mittel- bis Höchstmaße im Falle No. 1 dieses Artikels; Besserungs-Gefängnis im Höchtsmaße bis Gefängnis I im Mindestmaße im Falle der No. 2; Besserungs-Gefängnis im Mittel- bis Höchstmaße im Falle der No. 3; und Besserungs-Gefängnis im Mindest- bis Mittelmaße im Falle No. 4.

Im vorhergehenden Paragraphen sind nicht die Verletzungen einbegriffen, welche der Vater seinem Kinde unter Überschreitung seines Züchtigungsrechtes zufügt.

Art. 432. Die Strafen des vorigen Artikels sind im entsprechenden Falle auch auf denjenigen anwendbar, welcher ohne die Absicht zu töten, einem anderen irgend eine schwere Verletzung zufügt, indem er sich hierbei wissentlich schädlicher Substanzen oder Getränke bedient oder dessen Leichtgläubigkeit oder Mangel an Verstand (flaqueza de espiritu) mißbraucht

Art. 433. Verletzungen, welche in den vorhergehenden Artikeln nicht eingeschlossen sind, dem Angegriffenen aber Arbeitsunfähigkeit für acht Tage oder mehr verursachen oder die Notwendigkeit ärztlichen Beistandes für die gleiche Zeit, werden als weniger schwere angesehen und mit Arrest I oder Ortsverweisung und Geldstrafe von 125 bis 1250 Pesetas nach freiem Gutdünken der Gerichtshöfe bestraft.

Ist die weniger schwere Verletzung mit der offensichtlichen Absicht zu beleidigen oder unter schmählichen Nebenumständen begangen worden, so soll außer Arrest I eine Geldstrafe von 125 bis 1250 Pesetas eintreten.

Art. 434. Mit Besserungs-Gefängnis im Mindest- bis Mittelmaße sollen die weniger schweren Verletzungen bestraft werden, welche Eltern, Ascendenten, Vormündern, Pflegern, Lehrern oder Personen zugefügt werden, welche als öffentliche Behörde oder Respektspersonen eingesetzt sind.

Art. 435. Sind bei einem aufgeregten Streite, wie er in Art. 420 erklärt wird, schwere Verletzungen entstanden und steht es nicht fest, wer dieselben verursacht hat, so soll die um ein Maß niedrigere Strafe, als sie den zugefügten Verletzungen entsprechen würde, diejenigen treffen, welche ersichtlicher Weise irgend eine Gewalttat gegen die Person des Verletzten begangen haben.

Art. 436. Mit Besserungs-Zuchthaus im Mittel- bis Höchstmaße soll derjenige bestraft werden, welcher mit der Absicht sich vom Militärdienst freizumachen, sich selbst verstümmelt oder seine Einwilligung dazu gibt, daß die Verstümmelung an ihm vorgenommen wird und er infolge der Verletzungen vom Militärdienst für befreit erklärt wird.

Art. 437. Mit Besserungs-Zuchthaus im Mindest- bis Mittelmaße wird bestraft, wer einen anderen mit dessen Einwilligung zu dem im vorhergehenden Artikel erwähnten Zwecke untauglich macht.

Ist der dieses Verbrechens Schuldige der Vater, Mutter, Gatte, Bruder oder Schwager des Verstümmelten, so soll die Strafe Arrest I im Mittelmaße bis Besserungs-Gefängnis im Mindestmaße sein.

Achtes Kapitel.

Allgemeine Vorschrift.

Art. 438. Mit Ortsverweisung soll der Ehemann bestraft werden, welcher seine Frau beim Ehebruch überrascht und diese oder den Ehebrecher sofort tötet oder ihnen irgend eine schwere Verletzung zufügt.

Fügt er ihnen Verletzungen anderer Art zu, so tritt für ihn Straflosigkeit ein.

Diese Vorschriften sind unter gleichen Umständen auch auf die Väter hinsichtlich ihrer Töchter unter 20 Jahren und den Verführer anwendbar, so lange die Töchter im elterlichen Hause wohnen.

Die Wohltat (beneficio) dieses Artikels kommt jedoch nicht jenen zugute, welche die Prostitution ihrer Frauen oder Töchter verursacht oder begünstigt haben.

Neuntes Kapitel.

Zweikampf.

Art. 439. Die Behörde, welche Kunde davon erlangt hat, daß ein Zweikampf sich vorbereitet, soll zur Feststellung des Herausfordernden sowie des Geforderten, falls dieser das Duell angenommen hat, schreiten und beide nicht eher in Freiheit setzen, als bis sie ihr Ehrenwort gegeben haben, von ihren Vorhaben abzustehen.

Wer unter illoyaler Verletzung seines Wortes den Gegner von neuem herausfordert, soll mit zeitlicher absoluter Unfähigkeit für Ämter und mit Verschickung bestraft werden.

Wer im gleichen Falle das Duell annimmt, soll mit Ortsverweisung bestraft werden.

Art. 440. Mit Gefängnis I soll bestraft werden, wer seinen Gegner im Zweikampfe tötet.

Besserungs-Gefängnis im Mittel- bis Höchstmaße tritt ein, wenn er ihm Verletzungen zufügt, wie sie in Art. 431 aufgeführt sind.

In jedem anderen Falle soll die Duellanten Arrest I treffen, auch wenn keine Verletzungen entstanden sind.

Art. 441. An Stelle der im vorigen Artikel bezeichneten Strafen soll im Falle der Tötung Verbannung ohne Zwangsaufenthalt treten; bei Verletzungen, wie sie in Art. 431 Nr. 1 besprochen sind, Ortsverweisung und in den übrigen Fällen Geldstrafe von 50 bis 500 Pesetas, und zwar für:

1. Den zum Duell Geforderten, welcher sich schlägt, weil er vom Gegner keine Erklärung über die Gründe des Duells erlangt hat.

2. Den Geforderten, welcher sich schlägt, weil sein Gegner die ausreichenden Entschuldigungen oder die ehrenhafte Genugtuung für die zugefügte Beleidigung nicht zurückgewiesen hat.

3. Den Beleidigten, welcher sich schlägt, weil er vom Beleidiger die genügende Entschuldigung oder ehrenhafte Genugtuung nicht erlangen konnte, um welche er ersucht hatte.

Art. 442. Die im Artikel 440 angezeigten Strafen sollen im Höchstmaße zur Anwendung kommen auf denjenigen, welcher:

1. Zum Duell herausgefordert hat, ohne seinem Gegner die Gründe zu erklären, falls dieser es verlangt:

2. Nachdem er den Gegner gefordert hat, auch falls dies mit Grund geschah, die genügenden Entschuldigungen oder ehrenhafte Genugtuung zurückweist, welche ihm sein Gegner angeboten hat.

3. Seinem Gegner irgend eine Beleidigung zugefügt hat und sich weigert, ihm eine ausreichende Entschuldigung oder ehrenhafte Genugtuung zu geben.

Art. 443. Wer einen Andern dazu anreizt, ein Duell zu provozieren oder anzunehmen, soll in entsprechender Weise mit den in Artikel 440 angezeigten Strafen bestraft werden, falls das Duell zustande kommt.

Art. 444. Wer einen Andern öffentlich lächerlich macht oder diskreditiert, weil dieser ein Duell nicht angenommen hat, soll mit den Strafen bestraft werden, welche sich für schwere Beleidigungen angezeigt finden.

Art. 445. Die Sekundanten eines Duells, welches den Tod oder Verletzungen verursacht hat, sollen in entsprechender Weise als Urheber jener Verbrechen, und zwar als wenn mit Vorbedacht geschehen, bestraft werden, falls sie das Duell hervorgerufen oder irgendwelche Art von Heimtücke bei der Ausführung oder der Anordnung der Bedingungen in Anwendung gebracht haben.

Als Gehilfen derselben Verbrechen, wenn sie die Bedingung „bis zum Tode“ vereinbart hatten, oder sonst Bedingungen mit offensichtlichem Vorteil für einen der Kombattanten.

Mit Arrest I und Geldstrafe von 250 bis 2500 Pesetas sollen sie bestraft werden, falls sie von ihrer Seite aus nicht alles getan haben, was in ihren Kräften stand, um die Gemüter zu versöhnen, oder sich nicht befleißigt hatten, die Bedingungen des Duells in der für das Leben der Kombattanten möglichst wenig gefährlichen Form festzusetzen.

Art. 446. Das Duell, welches ohne Beisein von zwei oder mehr großjährigen Sekundanten von beiden Seiten stattfindet und ohne daß die Sekundanten die Waffen gewählt und alle die übrigen Bedingungen festgesetzt haben, soll bestraft werden mit:

1. Besserungs-Gefängnis, falls kein Todesfall oder Verletzungen entstanden sind.

2. Mit den allgemeinen Strafen dieses Gesetzbuches, falls Folgen eingetreten sind; doch kann die Strafe nie geringer wie Besserungs-Gefängnis sein.

Art. 447. Auch sollen die allgemeinen Strafen dieses Gesetzbuches und außerdem zeitliche absolute Unfähigkeit zur Anwendung kommen, gegen denjenigen, welcher:

1. Zu einem Duell aus pekuniärem Interesse oder sonst wegen eines unmoralischen Zweckes herausfordert oder Grund hierfür gibt.

2. Als Duellant beim Kampfe in heimtückischer Weise gegen die durch die Sekundanten vereinbarten Bedingungen verstößt.

Neunter Titel.

Verbrechen gegen die Ehrenhaftigkeit.

Erstes Kapitel.

Ehebruch.

Art. 448. Der Ehebruch soll mit Besserungs-Gefängnis im Mittel- bis Höchstmaße bestraft werden.

Ehebruch begeht die verheiratete Frau, welche mit einem Manne, welcher nicht ihr Ehegatte ist, zusammen schläft; sowie derjenige, welcher mit ihr zusammenschläft, obwohl er weiß, daß sie verheiratet ist, auch wenn die Ehe nachher für nichtig erklärt wird.

Art. 449. Bestrafung wegen Ehebruchs tritt nur auf Antrag des beleidigten Ehegatten ein.

Diese Klage kann nur gegen beide Schuldige angestrengt werden, falls beide leben; und niemals, falls der Ehebruch mit Einwilligung oder unter Verzeihung gegenüber Einem von Beiden geschah.

Art. 450. Der Ehemann kann jederzeit die seiner Gattin auferlegte Strafe erlassen.

In diesem Falle gilt auch für den Ehebrecher die Strafe als erlassen.

Art. 451. Das Erkenntnisurteil in einem Ehescheidungsprozesse bezüglich des Ehebruchs soll auch, wenn es freisprechend war, von voller Wirkung für den Strafprozeß sein.

Ist es zu einer Verurteilung im Ehescheidungsprozesse gekommen, so ist ein neues Vorfahren nötig, um die Strafen festzusetzen.

Art. 452. Mit Besserungs-Gefängnis im Mindest- bis Mittelmaße soll der Ehemann bestraft werden, welcher eine Konkubine innerhalb des ehelichen Hauses oder außerhalb desselben unter Erregung eines Ärgernisses (con escándalo) hat.

Die Konkubine soll mit Ortsverweisung bestraft werden.

Die Bestimmungen in den Artikeln Nr. 449 und 450 sind auch für den Fall des vorigen Artikels anwendbar.

Zweites Kapitel.

Schändung und unsittlicher Mißbrauch.

Art. 453. Die Schändung einer Frau soll mit zeitlicher Zwangsarbeit bestraft werden.

Schändung begeht, wer mit einer Frau in folgenden Fällen zusammen schläft, falls:

1. Gewalt oder Einschüchterung angewendet wird.

2. Die Frau sich ihrer Vernunft oder Sinne aus irgend einem Grunde beraubt befindet.

3. Sie das 12. Lebensjahr noch nicht vollendet hat, auch wenn keiner der in den zwei vorhergehenden Nummern besprochenen Umstände vorliegt.

Art. 454. Wer in unsittlicher Weise die Person des einen oder andern Geschlechtes mißbraucht und hierbei irgend einer der im vorigen Artikel aufgezählten Umstände zutrifft, soll je nach der Schwere der Tat mit Besserungs-Gefängnis im Mittel- bis Höchstmaße bestraft werden.

Drittes Kapitel.

Öffentlicher Skandal.

Art. 455. Mit Arrest I im Höchstmaße bis Besserungs-Gefängnis im Mindestmaße und öffentlichem Verweis soll bestraft werden, wer sich in unlöslicher kirchlicher Ehe befindet, trotzdem seinen Ehegatten verläßt und eine neue Ehe nach dem Zivilgesetz oder vice versa eingeht, auch wenn die kirchliche Ehe, welche er neuerdings schließt, nicht unlöslich ist.

Art. 456. Mit Arrest I und öffentlichem Verweis sollen diejenigen bestraft werden, welche in irgend einer Weise durch Handlungen schweren Skandals oder unsittlichem Benehmens, die nicht in andern Artikeln dieses Gesetzbuches erwähnt sind, das Schamgefühl oder die guten Sitten beleidigen.

Art. 457. Mit Geldstrafe von 125 bis 1250 Pesetas sollen diejenigen bestraft werden, welche durch Druckschriften und unter Erregung eines Ärgernisses Lehren verbreiten oder verkünden lassen welche der öffentlichen Moral widersprechen.

Viertes Kapitel.

Notzucht und Verführung Minderjähriger.

Art. 458. Die Notzucht einer Jungfrau über 12 aber unter 23 Jahren, welche von einem öffentlichen Beamten, Priester, Diener, Untergebenen, Vormund, Lehrer oder einer Person begangen wird, die auf Grund irgend eines Titels mit der Erziehung oder Bewachung der Genotzüchtigten beauftragt ist, soll mit Besserungs-Gefängnis im Mindest- bis Mittelmaße bestraft werden.

Gleicher Strafe soll derjenige verfallen, welcher Notzucht mit seiner Schwester oder Descendentin begeht, auch wenn dieselbe älter als 23 Jahre ist.

Mit gleicher Strafe soll jeder unsittliche Mißbrauch bestraft werden, welcher von denselben Personen und unter gleichen Umständen begangen wird.

Art. 459. Mit Besserungs-Gefängnis im Mindest- bis Mittelmaße und zeitlicher absoluter Unfähigkeit — falls es sich um einen Beamten handelt — soll derjenige bestraft werden, welcher gewohnheitsmäßig und unter Mißbrauch seines Amtes oder des Vertrauens die Prostitution oder Verführung von Minderjährigen betreibt oder erleichtert, um die Wünsche eines Anderen zu befriedigen.

Fünftes Kapitel.

Entführung.

Art. 460. Die Entführung einer Frau, welche gegen ihren Willen und mit unsittlichen Absichten ausgeführt ist, soll mit zeitlicher Zwangsarbeit bestraft werden.

In jedem Falle soll diese Strafe eintreten, falls die Entführte jünger als 12 Jahre ist.

Art. 461. Mit Besserungs-Gefängnis im Mindest- bis Mittelmaße soll die Entführung einer Jungfrau bestraft werden, welche jünger als 23 und älter als 12 Jahre ist, und die Entführung mit ihrer Einwilligung geschehen ist.

Art. 462. Mit lebenslänglicher Kette sollen die des Verbrechens der Entführung Schuldigen bestraft werden, welche über den Aufenthaltsort der Entführten keine Auskunft oder über ihren Tod oder Verschwinden keine genügende Aufklärung geben.

Sechstes Kapitel.

Allgemeine Bestimmungen zu den vorhergehenden Kapiteln.

Art. 463. Wegen Entführung kann nur auf Antrag der Geschädigten, ihrer Eltern, Großeltern oder des Vormundes vorgegangen werden.

Um wegen Schändung oder Entführung mit unsittlichen Absichten vorzugehen, genügt die Anzeige der interessierten Person, ihrer Eltern, Großeltern oder des Vormundes, auch wenn diese keine direkte Klage anstrengen.

Ist die verletzte Person wegen ihres Alters oder geistigen Zustandes nicht die Persönlichkeit, um als Partei vor Gericht zu erscheinen, und steht sie außerdem gänzlich hilflos da ohne Eltern, Großeltern, Geschwister, einen Vormund oder Pfleger zu haben, welche die Anzeige erstatten könnten, so können der von der Gemeinde erwählte Syndikus (Procurador sindico) oder der Staatsanwalt die Klage anstrengen.

In allen Fällen dieses Artikels soll die ausdrückliche oder präsumtive Verzeihung seitens der beleidigten Partei die strafbare Handlung oder auch die Strafe auslöschen, falls diese dem Schuldigen bereits auferlegt war.

Als präsumiert kann die Verzeihung nur durch die Eheschließung der Beleidigten mit ihrem Beleidiger gelten.

Art. 464. Die der Schändung, Notzucht oder Entführung Schuldigen sollen im Wege der Entschädigungsklage außerdem dazu verurteilt werden:

1. Die Beleidigte, falls sie unverheiratet oder Witwe ist, zu unterhalten.

2. Die Nachkommenschaft anzuerkennen, falls die Art ihrer Abstammung dies nicht hindert.

3. In jedem Falle für die Nachkommen zu sorgen.

Art. 465. Die Ascendenten, Vormünder, Pfleger, Lehrer, sowie alle Personen, welche unter Mißbrauch ihrer Autorität oder Verpflichtung als Gehilfen bei der Ausführung der in den vier vorhergehenden Kapiteln erwähnten Verbrechen mitwirken, sollen als Urheber bestraft werden.

Die Lehrer sowie diejenigen Personen, welche in irgend einer Weise mit der Erziehung oder Leitung der Jugend beauftragt sind, sollen außerdem mit zeitlicher spezieller Unfähigkeit im Höchstmaße bis dauernder spezieller Unfähigkeit bestraft werden.

Art. 466. Die im vorhergehenden Artikel erwähnten Personen, sowie alle diejenigen, welche sich der Verführung Minderjähriger im Interesse eines Dritten schuldig gemacht haben, sollen damit bestraft werden, daß ihnen das Recht, Vormund oder Mitglied des Familienrates zu sein, abgesprochen wird.

Zehnter Titel.

Verbrechen gegen die Ehre.

Erstes Kapitel.

Verleumdung.

Art. 467. Verleumdung ist die falsche Bezichtigung eines Verbrechens, welches von Amtswegen verfolgt wird.

Art. 468. Die schriftlich oder öffentlich verbreite Verleumdung, soll mit Besserungs-Gefängnis im Mindest- bis Mittelmaße und Geldstrafe von 500 bis 5000 Pesetas bestraft werden, wenn die Bezichtigung eines schweren Verbrechens vorliegt; und mit Arrest I und Geldstrafe von 250 bis 2500 Pesetas, wenn die Bezichtigung eines weniger schweren Verbrechens vorliegt.

Art. 469. Ist die Verleumdung nicht öffentlich und schriftlich geschehen, so soll Bestrafung eintreten mit:

1. Arrest I im Höchstmaße und Geldstrafe von 250 bis 2500 Pesetas, falls eines schweren Verbrechens bezichtigt wurde.

2. Arrest I im Mindestmaße und Geldstrafe von 125 bis 1250 Pesetas, wenn eines weniger schweren Verbrechens bezichtigt wurde.

Art. 470. Straffrei bleibt der wegen Verleumdung Angeklagte, wenn er die strafbare Handlung, deren er bezichtigt hat, beweist.

Das Urteil, in welchem das Bestehen der Verleumdung festgestellt wird, kann auf Ersuchen des Verleumdeten in den offiziellen Zeitungen veröffentlicht werden.

Zweites Kapitel.

Beleidigung.

Art. 471. Beleidigung ist jeder Ausdruck oder Handlung, welche dazu dient oder ausgeführt wird, um eine andere Person zu entehren, zu diskreditieren oder verächtlich zu machen.

Art. 472. Schwere Beleidigungen sind:

1. Die Bezichtigung eines Verbrechens, welches nicht von Amtswegen verfolgt wird.

2. Die Bezichtigung eines Lasters oder moralischen Defekts, deren Folgen in erheblicher Weise den Ruf, Kredit oder das Interesse des Beleidigten schädigen können.

3. Die Beleidigungen, welche ihrer Natur, Gelegenheit oder näheren Umstände nach in der öffentlichen Meinung als entwürdigende betrachtet werden.

4. Diejenigen, welche vernünftigerweise die Bezeichnung als „schwere" verdienen unter Berücksichtigung des Standes, der Würde oder sonstigen Verhältnisse des Beleidigten und des Beleidigers.

Art. 473. Sind die Beleidigungen schriftlich und öffentlich geschehen, so tritt Bestrafung mit Ortsverweisung im Mittel- bis Höchstmaße und Geldstrafe von 250 bis 2500 Pesetas ein.

Treffen diese Umstände nicht zu, so sollen die Strafen Ortsverweisung im Mindest- bis Mittelmaße und Geldstrafe von 125 bis 1250 Pesetas sein.

Art. 474. Leichte Beleidigungen sollen mit Arrest I und Geldstrafe von 125 bis 1250 Pesetar bestraft werden, falls sie öffentlich und schriftlich geschehen sind.

Sind diese Umstände nicht vorhanden, so sollen sie als Übertretungen bestraft werden.

Art. 475. Wer der Beleidigung angeklagt ist, kann nur dann zum Wahrheitsbeweise zugelassen werden, wenn die Beleidigungen gegen öffentliche Beamte gerichtet sind und sich auf Handlungen beziehen, welche zur Amtstätigkeit jener gehören.

In diesem Falle tritt Freisprechung des Angeklagten ein, falls er die Wahrheit seiner Bezichtigungen beweist.

Drittes Kapitel.

Allgemeine Vorschriften.

Art. 476. Das Verbrechen der Verleumdung oder Beleidigung wird nicht nur in offenkundiger Weise, sondern auch durch Allegorien, Karrikaturen, Zeichnungen und Anspielungen begangen.

Art 477. Die Verleumdung oder Beleidigung gilt als schriftlich oder öffentlich geschehen, wenn sie verbreitet werden durch bedruckte Papiere, Lithographien oder Zeichnungen, durch Anschläge oder Schmähzettel, welche an öffentlichen Orten angebracht werden, oder durch Manuskripte, falls dieselben mehr wie 10 Personen mitgeteilt worden sind.

Art. 478. Wer der versteckten oder irrtümlichen Beleidigung angeklagt sich weigert, vor Gericht genügende Aufklärung über dieselben zu geben, soll als schuldig der offenkundigen Verleumdung oder Beleidigung bestraft werden.

Art. 479. Die Direktoren oder Herausgeber von Zeitungen, in denen die Beleidigungen oder Verleumdungen verbreitet worden sind, sollen in ihren Blättern innerhalb des Zeitraums, welchen die Gesetze, oder an ihrer Stelle die Gerichte bestimmen, die Erklärung oder den verurteilenden Spruch veröffentlichen, falls der Beleidigte es wünscht.

Art. 480. Ist der Beleidigte bereits verstorben, so kann die Klage wegen Verleumdung oder Beleidigung von den Ascendenten, Descendenten, Ehegatten oder Geschwistern angestrengt werden, falls die Verleumdung oder Beleidigung auf sie übergegangen ist; in jedem Falle aber der Erbe.

Art. 481. Die Klage wegen Verleumdung oder Beleidigung kann auch dann angestrengt werden, wenn die Äußerungen mittels Veröffentlichungen in einem fremden Lande geschehen sind.

Art. 482. Eine Klage wegen Verleumdungen oder Beleidigungen, welche während eines Prozeßes vorgefallen sind, kann nur nach vorheriger Genehmigung des Gerichtes angestrengt werden, welches den betreffenden Prozeß geführt hatte.

Wegen Beleidigung oder Verleumdung kann nur auf die Klage der beleidigten Partei hin Bestrafung eintreten; falls nicht die Beleidigung sich gegen die öffentliche Autorität, Korporationen oder bestimmte Klassen des Staates gerichtet hat oder die Bestimmungen des Kapitels V Titel III dieses Buches zutreffen.

Durch Verzeihung seitens der beleidigten Partei kann die dem Schuldigen die für Beleidigung oder Verleumdung auferlegte Strafe erlassen werden.

Hinsichtlich der Wirkungen dieses Artikels gelten als Autorität die Herrscher und Fürsten befreundeter oder verbündeter Nationen und deren diplomatische Vertreter, sowie die Fremden mit öffentlichem Amtscharakter, welche nach den bestehenden Verträgen in diese Verfügungen eingeschlossen sind.

Um in den im vorigen Abschnitt aufgezählten Fällen vorgehen zu können, hat eine spezielle Aufforderung seitens der Regierung zu erfolgen.

Elfter Titel.

Verbrechen gegen den Personenstand.

Erstes Kapitel.

Kindesunterschiebuug und Anmaßung fremden Personenstandes.

Art. 483. Mit Zuchthaus I und Geldstrafe von 250 bis 2500 Pesetas soll die Kindesunterschiebung sowie die Vertauschung eines Kindes mit einem anderen, bestraft werden.

Dieselben Strafen sollen denjenigen treffen, welcher ein legitimes Kind verbirgt oder aussetzt in der Absicht, seinen Personenstand zu beseitigen.

Art. 484. Der Arzt oder öffentliche Beamte, welcher unter Mißbrauch seines Berufes oder Amtes bei der Ausführung eines der im vorigen Artikel besprochenen Verbrechen mitwirkt, soll außer den

Strafen des vorigen Artikels noch mit spezieller zeitlicher Unfähigkeit bestraft werden.

Art. 485. Wer sich den Personenstand eines Anderen anmaßt, soll mit Zuchthaus I bestraft werden.

Zweites Kapitel.

Schließung ungiltiger Ehen.

Art. 486. Mit Gefängnis I soll bestraft werden, wer eine zweite oder anderweitige Ehe schließt, ohne daß die vorhergehende gesetzmäßig getrennt ist.

Art. 487. Mit Besserungs-Gefängnis im Mittel- bis Höchstmaße soll bestraft werden, wer trotz eines nicht erlaßbaren impedimentum dirimens eine Ehe eingeht.

Art. 488. Mit Geldstrafe von 125 bis 1250 Pesetas soll bestraft werden, wer trotz eines erlaßbaren Ehehindernisses eine Ehe eingeht.

Besserungs-Gefängnis im Mittel- bis Höchstmaße tritt für den Betreffenden ein, wenn durch seine Schuld nach vorhergehendem Dispens die Ehe nicht in dem vom Gerichte bestimmten Zeitraume bestätigt ist; von dieser Strafe kann nur dann freigesprochen werden, wenn der Betreffende selbst die Bestätigung der Ehe gewünscht hat.

Art. 489. Mit Besserungsgefängnis im Mindest- bis Höchstmaße soll der Minderjährige bestraft werden, welcher ohne Einwilligung seiner Eltern oder deren Stellvertreter eine Ehe eingeht.

Dem Schuldigen soll seine Handlungsweise verziehen werden, sobald seine Eltern oder die Personen, auf welche sich der vorige Abschnitt bezieht, die eingegangene Ehe billigen.

Art. 490. Mit Arrest I und Geldstrafe von 125 bis 1250 Pesetas soll die Witwe bestraft werden, welche sich vor dem 301. Tage nach dem Tode ihres Mannes oder vor ihrer Entbindung, falls sie schwanger war, wieder verheiratet.

Derselben Strafe soll diejenige Frau verfallen, deren Ehe getrennt ist, falls sie sich vor ihrer Entbindung wieder verheiratet oder vor Ablauf von 301 Tagen nach ihrer gesetzlichen Trennung.

Art. 491. Mit Arrest I soll der Adoptierende bestraft werden, welcher ohne vorherigen Dispens eine Ehe mit seinen Adoptivkindern oder Descendenten eingeht.

Art. 492. Mit Besserungs-Gefängnis im Mittel- bis Höchstmaße und Geldstrafe von 125 bis 1250 Pesetas soll der Vormund oder Pfleger bestraft werden, welcher vor gesetzlicher Anerkennung seiner Rechnungsführung eine Ehe eingeht oder seine Einwilligung dazu gibt, daß seine Kinder oder Abkommen sich mit der Person verheiraten, welche er in Obhut hat oder gehabt hat, falls der Vater diese Eheschließung nicht in genügender Form gebilligt hat.

Art. 493. Mit Amtsenthebung im Mittel- bis Höchstmaße und Geldstrafe von 250 bis 2500 Pesetas soll der städtische Richter (juez municipal) bestraft werden, welcher eine durch das Gesetz verbotene

Eheschließung für gültig erklärt hat oder eine Heirat, bei welcher ein nicht erlaßbares Hindernis vorliegt.

Ist das Hindernis erlaßbar, so soll Ortsverweisung im Mindestmaße und Geldstrafe von 125 bis 1250 Pesetas eintreten.

Art. 494. In allen Fällen dieses Kapitels soll der arglistige Kontrahent dazu verurteilt werden, nach Möglichkeit die Frau, welche guten Glaubens mit ihm die Ehe eingegangen ist, zu unterhalten.

Zwölfter Titel.

Verbrechen gegen die persönliche Freiheit und Sicherheit.

Erstes Kapitel.

Ungesetzliche Freiheitsberaubung.

Art. 495. Mit Gefängnis I soll der Privatmann bestraft werden, welcher einen anderen einschließt oder zurückhält und ihn so seiner Freiheit beraubt.

Derselben Strafe soll verfallen, wer den Ort zur Ausführung des Verbrechens hergibt.

Gibt der Schuldige dem Eingeschlossenen oder Zurückgehaltenen die Freiheit innerhalb von drei Tagen wieder, ohne seinen beabsichtigten Zweck erreicht zu haben und bevor der Prozeß begonnen hat, so soll Besserungs-Gefängnis im Mindest- bis Mittelmaße und Geldstrafe von 125 bis 1250 Pesetas eintreten.

Art. 496. Mit zeitlicher Zwangsarbeit soll das Verbrechen, von welchem der vorige Artikel handelt, bestraft werden, wenn:

1. Die Einschließung oder Zurückhaltung länger wie zwanzig Tage gedauert hat.
2. Dieselbe unter Vorspiegelung amtlichen Charakters geschah.
3. Der eingeschlossenen oder zurückgehaltenen Person schwere Verletzungen zugefügt worden sind oder dieselbe mit dem Tode bedroht worden ist.

Art. 497. Mit Arrest I und Geldstrafe von 125 bis 1250 Pesetas soll bestraft werden, wer außer in den im Gesetz erlaubten Fällen eine Person verhaftet, um sie der Behörde vorzuführen.

Zweites Kapitel.

Entführung Minderjähriger.

Art. 498. Mit zeitlicher Kette soll die Entführung eines Kindes unter 7 Jahren bestraft werden.

Art. 499. Derselben Strafe soll derjenige verfallen, welcher mit der Aufsicht über eine minderjährige Person betraut, diese ihren Eltern oder Pflegern nicht vorzeigt oder bezüglich ihres Verschwindens keine befriedigende Erklärung gibt.

Art. 500. Mit Arrest I und Geldstrafe von 125 bis 1250 Pesetas soll bestraft werden, wer eine zwar minderjährige aber älter als 7 Jahre alte Person dazu verleitet, das Haus ihrer Eltern, ihres Vormundes oder ihrer Beaufsichtiger zu verlassen.

Drittes Kapitel.

Kindesaussetzung.

Art. 501. Wer ein Kind, welches jünger als 7 Jahre ist, aussetzt, soll mit Arrest I und Geldstrafe von 125 bis 1250 Pesetas bestraft werden.

Bestrafung mit Besserungs-Gefängnis im Mittel- bis Höchstmaße soll den Schuldigen treffen, wenn durch die näheren Umstände der Aussetzung der Tod eines Kindes erfolgt ist; ist dagegen nur Gefahr für das Leben eingetreten, so soll die Strafe Besserungs-Gefängnis im Mindest- bis Mittelmaße sein.

Die Verfügungen in den zwei vorhergehenden Abschnitten gelten unbeschadet der Strafen, welche auf der Tat stehen, falls diese ein anderes schwereres Verbrechen darstellt.

Art. 502. Mit Geldstrafe von 125 bis 1250 Pesetas soll bestraft werden, wer die Beaufsichtigung oder Erziehung eines Minderjährigen übernommen hat und denselben einer öffentlichen Anstalt oder einer anderen Person ohne Einwilligung der Person übergibt, welche das Kind ihm anvertraut hatte.

Viertes Kapitel.

Allgemeine Verfügungen zu den drei vorhergehenden Kapiteln.

Art. 503. Mit zeitlicher Kette im Höchstmaße bis lebenslänglicher Kette soll derjenige bestraft werden, welcher irgend eine Person ungesetzmäßiger Weise festhält, oder eine minderjährige unter 7 Jahre alte Person entführt, und über ihren Anfenthaltsort keine Auskunft gibt oder nicht beweist, daß er sie in Freiheit gelassen hat.

Derselben Strafe soll derjenige verfallen, welcher ein Kind unter 7 Jahren aussetzt; falls er nicht nachweist, daß er es ausgesetzt hat, ohne ein anderes Verbrechen dabei begangen zu haben.

Fünftes Kapitel.

Hausfriedensbruch.

Art. 504. Mit Arrest I und Geldstrafe von 125 bis 1250 Pesetas soll derjenige bestraft werden, welcher in eine fremde Wohnung gegen den Willen der Bewohner eindringt.

Besserungs-Gefängnis im Mittel- bis Höchstmaße und Geldstrafe von 125 bis 1250 Pesetas tritt ein, wenn die Tat mit Gewalt oder Einschüchterung begangen ist.

Art. 505. Die Bestimmungen des vorigen Artikels sind nicht anwendbar auf denjenigen, welcher in eine fremde Wohnung eindringt, um ein schweres Übel von sich selbst, den Bewohnern oder einem Dritten abzuwenden; auch nicht, falls es getan wird, um der Menschlichkeit oder der Justiz einen Dienst zu erweisen.

Art. 506. Die Verfügungen in diesem Kapitel finden keine Anwendung auf die Kafés, Weinstuben, Wirtshäuser und sonstigen öffentlichen Häuser, solange sie geöffnet sind.

Sechstes Kapitel.

Drohungen und Zwang.

507. Wer einem anderen droht, ihm selbst oder seiner Familie an ihrem Leibe, ihrer Ehre oder Eigentum ein Übel zuzufügen, welches ein Verbrechen darstellt, soll bestraft werden mit:

1. der um ein Maß niedrigeren Strafe, als wie sie im Gesetz für das Verbrechen sich angezeigt findet, mit welchem gedroht worden ist, falls die Drohung geschehen ist unter Forderung von Geld oder sonst irgend eine Bedingung auferlegt worden ist, selbst wenn dieselbe an sich erlaubt ist und falls der Schuldige seinen Vorsatz erreicht hat. Bestrafung mit der um zwei Maße niedrigeren Strafe tritt ein, wenn der Vorsatz nicht erreicht ist.

Die Strafe soll im Höchstmaße auferlegt werden, wenn die Drohungen schriftlich oder mittels eines Boten geschahen.

2. Arrest I und Geldstrafe von 125 bis 1250 Pesetas, falls die Drohung nicht an eine Bedingung geknüpft war.

Art. 508. Mit Arrest I sollen die Drohungen mit einem Übel bestraft werden, welches kein Verbrechen bedeutet, falls dieselben in der Nummer 1 des vorigen Artikels ausgedrückten Form geschehen sind.

Art. 509. In allen Fällen der vorhergehenden Artikel kann der Drohende dazu außerdem verurteilt werden, Kaution dafür zu stellen, daß er den Bedrohten nicht angreifen wird; mangels einer Kaution soll Ortsverweisung eintreten.

Art. 510. Mit Arrest I und Geldstrafe von 125 bis 1250 Pesetas soll derjenige bestraft werden, welcher, ohne gesetzlich dazu berechtigt zu sein, einen anderen mit Gewalt daran hindert, etwas zu tun, was das Gesetz nicht verbietet, oder ihn zwingt, etwas zu tun, was er nicht will, mag dieses Tun Recht oder Unrecht sein.

Art. 511. Mit Arrest I im Mindestmaße und einer Geldstrafe im Werte des Objektes, jedoch die Strafe in keinem Falle unter 125 Pesetas, soll derjenige bestraft werden, welcher sich mit Gewalt einer Sache bemächtigt, die seinem Schuldner gehört, um sich mit derselben bezahlt zu machen.

Siebentes Kapitel.

Aufdeckung und Enthüllung von Geheimnissen.

Art. 512. Mit Besserungs-Gefängnis im Mindest- bis Mittelmaße und Geldstrafe von 125 bis 1250 Pesetas soll derjenige bestraft werden, welcher um die Geheimnisse eines Anderen aufzudecken, sich seiner Papiere oder Briefschaften bemächtigt und dieselben veröffentlicht.

Werden die Schriftsachen nicht veröffentlicht, so tritt Arrest I und Geldstrafe von 125 bis 1250 Pesetas ein.

Diese Verfügung findet keine Anwendung auf die Ehegatten, Eltern, Vormünder oder deren Stellvertreter bezüglich der Papiere oder Briefe ihrer Frauen, Kinder oder Minderjährigen, welche sich in ihrer Obhut befinden.

Art. 513. Mit Arrest I und Geldstrafe von 125 bis 1250 Pesetas soll der Verwalter, Diener oder Angestellte bestraft werden, welcher durch seine Stellung die Geheimnisse seines Prinzipals kennt und dieselben veröffentlicht.

Art. 514. Mit Besserungs-Gefängnis im Mindest- bis Mittelmaße und Geldstrafe von 125 bis 1250 Pesetas soll der Beauftragte, Beamte oder Arbeiter einer Fabrik oder eines anderen industriellen Etablissements bestraft werden, welcher zum Schaden des Eigentümers die Fabrikationsgeheimnisse verrät.

Dreizehnter Titel.

Verbrechen gegen das Eigentum.

Erstes Kapitel.

Raub.

Art. 515. Des Raubes machen sich diejenigen schuldig, welche mit der Absicht sich zu bereichern, sich fremder beweglicher Sachen bemächtigen unter Gewalt oder Einschüchterung gegen Personen oder unter Anwendung von Gewalt gegen die Sachen selbst.

Art. 516. Wer sich des Raubes unter Gewalt oder Einschüchterung gegen Personen schuldig macht, soll bestraft werden mit:

1. Lebenslänglicher Kette oder mit dem Tode, falls beabsichtigt oder zufällig bei dem Raube eine Tötung erfolgt ist.

2. Zeitlicher Kette im Mittelmaße bis lebenslänglicher Kette, falls der Raub von Gewalttätigkeit oder absichtlich zugefügter Verstümmelung begleitet wurde oder zufälliger oder beabsichtigter Weise eine der in Nummer 1 des Artikels 431 bestraften Verletzungen zugefügt wurde oder das geraubte Gut gegen Lösegeld oder länger wie einen Tag zurückgehalten wurde.

3. Zeitlicher Kette, wenn gelegentlich oder beabsichtigter Weise eine der Verletzungen zugefügt wurde, welche in Nummer 2 des erwähnten Artikels in der vorigen Nummer bestraft werden.

4. Zuchthaus I im Mittelmaße bis zeitlicher Kette im Mindestmaße, falls die Gewalttätigkeit oder Einschüchterung, welche bei dem Raube vorgekommen sind, von offensichtlich unnötiger Schwere gewesen sind oder falls bei Ausführung des Verbrechens durch die Schuldigen unverantwortlichen Personen Verletzungen, wie sie in Nummer 3 und 4 des erwähnten Artikels 431 besprochen werden, zugefügt worden sind.

5. Besserungs-Zuchthaus bis Zuchthaus I im Mittelmaße in den übrigen Fällen.

Art. 517. Sind die Verbrechen, von denen die Nummern 3, 4 und 5 des vorigen Artikels handeln, an einem einsamen Orte oder von einer Bande (en cuadrilla) begangen worden, so soll die Schuldigen die Strafe im Höchstmaße treffen.

Den Anführer der Bande, falls sie ganz oder teilweise bewaffnet war, soll in den entsprechenden Fällen die unmittelbar höhere Strafe treffen.

Art. 518. Als „Bande" gilt, wenn mehr wie drei bewaffnete Übeltäter bei einem Raube zusammenwirken.

Die Übeltäter, welche bei Ausführung eines Raubes in einsamer Gegend oder in Bande zugegen waren, sollen als Urheber jedes Verbrechens gelten, welches gelegentlich des Raubes vollführt worden ist; falls es nicht feststeht, daß sie bemüht gewesen sind die Verbrechen zu verhindern.

Als „anwesend" bei den von einer Bande begangenen Verbrechen wird derjenige Übeltäter präsumiert, welcher gewohnter Weise zu ihr gehört und mit ihr geht, falls er nicht das Gegenteil beweisen kann.

Art. 519. Mit zeitlicher Kette im Höchstmaße bis lebenslänglicher Kette soll der Versuch oder das fehlgeschlagene Verbrechen des Raubes bestraft werden, welche zugleich mit dem in Nummer 1 des Artikels 516 begangen wurden, falls nach den Bestimmungen dieses Gesetzbuches die begangene Tötung keine höhere Bestrafung verdient.

Art. 520. Als schuldig des Raubes soll mit den Strafen, welche in diesem Kapitel für die betreffenden Fälle sich angezeigt finden, derjenige bestraft werden, welcher um einen anderen zu betrügen, ihn zwingt, ein öffentliches Schriftstück oder Dokument zu unterschreiben, auszuhändigen oder zu bewilligen.

Art. 521. Mit Zuchthaus I im Mittelmaße bis zeitlicher Kette im Mindestmaße sollen diejenigen bestraft werden, welche mit Waffengewalt in einem bewohnten Hause, öffentlichen oder zum Gottesdienste bestimmten Gebäude einen Raub ausführen, falls der Wert der geraubten Sachen 500 Pesetas übersteigt und die Übeltäter in das Haus oder das Gebäude oder in irgend eines seiner Nebengebäude (dependencias), in welchem der Raub stattfand, durch eine der folgenden Arten und Weisen eindrangen:

1. Mittels Einsteigen (escalamiento).

2. Nach Durchbrechung einer Mauer, des Daches oder Fußbodens oder mittels Zertrümmerns einer Tür oder eines Fensters.

3. Unter Benutzung von falschen Schlüsseln, Dietrichen oder ähnlichen Instrumenten.

4. Unter Zertrümmerung von Türen, Schränken, Kisten oder sonst einer Art von verschlossenen oder versiegelten Gegenständen, oder falls unter Entwendung der betreffenden Gegenstände, um dieselben

außerhalb des Schauplatzes des Raubes zu zertrümmern oder gewaltsame Handlungen mit ihnen vorzunehmen.

5. Unter angenommenem Namen oder fälschlicher Vorgabe einer Behörde.

Führen die Übeltäter keine Waffe mit sich und übersteigt der Wert 500 Pesetas, so tritt Bestrafung mit der um ein Maß niedrigeren Strafe ein.

Dieselbe Regel soll dann Beobachtung finden, wenn die Übeltäter zwar Waffen mit sich führten, der Wert der geraubten Sachen jedoch 500 Pesetas nicht übersteigt.

Sind keine Waffen mitgenommen und hat der Wert der geraubten Sachen 500 Pesetas nicht überstiegen, so soll die Schuldigen die in den beiden vorhergehenden Abschnitten angedrohten Strafen im Mindestmaß treffen.

Art. 522. Sind die Verbrechen, von denen der vorhergehende Artikel spricht, an einem einsamen Orte und in Bande ausgeführt worden, oder waren die geraubten Sachen Gegenstände, welche für einen religiösen Kultus bestimmt waren, so soll die Schuldigen die Strafe im Höchstmaße treffen.

Art. 523. Als „bewohntes Haus" wird jede Unterkunft angesehen, welche den Aufenthaltsort einer oder mehrerer Personen darstellt, auch wenn die Bewohner zufällig sich von ihrem Wohnorte entfernt hatten, als der Raub ausgeführt wurde.

Als „Nebengebäude" eines bewohnten Hauses, öffentlichen oder zum Gottesdienst bestimmten Gebäudes, werden angesehen alle Höfe, Ställe, Speicher, Scheunen, Kutschenställe, Heuböden, Strohböden, Remisen, sowie alle an das Hauptgebäude anstoßenden und in innerem Zusammenhang mit diesem stehenden Räumlichkeiten und soweit sie mit ihm ein Ganzes bilden.

Nicht eingeschlossen in den vorigen Abschnitt sind dagegen die Gärten und übrigen zur Kultur oder dem Ertrage bestimmten Terrains, auch wenn sie benachbart sind und mit dem Hauptgebäude in innerem Zusammenhange stehen.

Art. 524. Mit Arrest I im Mittelmaße bis Besserungs-Zuchthaus im Mindestmaße soll der Raub bestraft werden, von welchem der Artikel 521 handelt, wenn er in dem Nebengebäude eines bewohnten Hauses, eines öffentlichen oder dem Gottesdienste bestimmten Gebäudes stattgefunden hat und die Schuldigen dadurch eingedrungen sind, daß sie über eine äußere Mauer geklettert sind und die Entwendung sich auf nährende Sämereien, Früchte oder Holz beschränkt hat, und der Wert der geraubten Sachen 25 Pesetas nicht übersteigt.

Art. 525. Besserungs-Zuchthaus im Mittel- bis Höchstmaße soll eintreten, wenn der Raub an einem nicht bewohnten Orte oder in einem Gebäude begangen ist, welches nicht im ersten Abschnitt des Artikel 521 genannt ist und der Wert der geraubten Gegenstände 500 Pesetas übersteigt, falls einer der folgenden Umstände zutrifft:

1. Einsteigen mittels Leitern.

2. Durchbrechen von Wänden, Dächern oder Fußböden, oder Zertrümmern von äußern Türen oder Fenstern.

3. Gebrauch von falschen Schlüsseln, Dietrichen oder andern ähnlichen Instrumenten, um in den Raum für den Raub einbrechen zu können.

4. Zertrümmern von Türen, Schränken, Kisten oder sonst welcher geschlossener oder versiegelter Möbel oder Gegenstände.

5. Entwendung der geschlossenen oder versiegelten Gegenstände von denen der vorige Paragraph handelt, auch wenn sie außerhalb des Tatortes aufgebrochen wurden.

Übersteigt der Wert der geraubten Gegenstände 500 Pesetas nicht, so soll die unmittelbar niedrigere Strafe in Anwendung kommen.

Art. 526. Arrest I im Mittel- bis Höchstmaße soll eintreten, wenn in den Fällen des vorigen Artikels der Wert der geraubten Gegenstände 25 Pesetas nicht übersteigt.

Handelt es sich bei den geraubten Gegenständen um Sachen, wie sie im Artikel 524 erwähnt werden, so soll die unmittelbar niedrigere Strafe zur Anwendung kommen.

Art. 527. Der Raub, um welchen es sich in den Artikeln 524, 525 und 526 handelt, soll mit der unmittelbar höheren Strafe bestraft werden, falls der Schuldige zum zweiten oder mehrfachen Male rückfällig ist.

Art. 528. Mit Arrest I im Höchstmaße bis Besserungs-Zuchthaus im Mindestmaße soll derjenige bestraft werden, in dessen Besitz Dietriche und andere speziell für die Ausführung von Rauben hergestellte Instrumente gefunden werden und über ihren Erwerb oder Zweck der Aufbewahrung keine zufriedenstellende Entlastung (descargo) gegeben werden kann.

Gleicher Strafe sollen diejenigen verfallen, welche die besagten Instrumente herstellen. Sind die Verfertiger Schlosser, so sollen sie mit Besserungs-Zuchthaus im Mittel- bis Höchstmaße bestraft werden.

Art. 529. Unter falschen Schlüsseln versteht man:

1. Diejenigen Instrumente, auf welche sich der vorhergehende Artikel bezieht.

2. Die echten Schlüssel, welche dem Besitzer entwendet sind.

3. Irgendwelche anderen, welche von dem Eigentümer nicht zum Öffnen oder Schließen bestimmt waren und von denen seitens der Schuldigen ein gewaltsamer Gebrauch gemacht worden ist.

Zweites Kapitel.

Diebstahl.

Art. 530. Schuldig des Diebstahls sind diejenigen, welche:

1. Sich fremder beweglicher Sachen gegen den Willen ihrer Besitzer in gewinnsüchtiger Absicht, aber ohne Gewalt oder Einschüchterung gegen Personen noch Gewalttätigkeit gegen die Sachen selbst bemächtigen.

2. Eine fremde verlorene Sache finden und wohl wissend, wer der Eigentümer ist, sich in gewinnsüchtiger Absicht dieselbe aneignen.

3. Die Missetäter, welche die Ergebnisse oder Gegenstände des verursachten Schadens beiseite geschafft oder unbrauchbar gemacht haben; außer in den Fällen, welche im Artikel 606 Nr. 1, Artikel 607 Nr. 1, 2 u. 3; in Artikel 608 Nr. 1, in Artikel 610 Nr. 1, Artikel 611, 613 sowie im zweiten Abschnitt des Artikels 617 und 618 vorgesehen sind.

Art. 531. Die des Diebstahls Schuldigen sollen bestraft werden:

1. Mit Besserungs-Zuchthaus im Mittel- bis Höchstmaße, wenn der Wert der gestohlenen Sache über 2500 Pesetas beträgt.

2. Mit Besserungs-Zuchthaus im Mindest- bis Mittelmaße, falls der Wert der geraubten Sachen 500 Pesetas übersteigt, aber über 2500 nicht hinausgeht.

3. Mit Arrest I im Mittelmaße bis Besserungs-Zuchthaus im Mindestmaße, wenn der Wert 100 Pesetas überschreitet, aber über 500 nicht hinausgeht.

4. Mit Arrest I in seiner ganzen Ausdehnung, wenn der Wert 10 Pesetas übersteigt, aber über 100 nicht hinausgeht.

5. Mit Arrest I im Mindest- bis Mittelmaße falls der Wert 10 Pesetas nicht übersteigt, oder auch — falls er 10 Pesetas überschreitet — über 20 Pesetas nicht hinausgeht, wenn der Diebstahl an nährenden Sämereien, Holz oder Früchten begangen wurde.

Art. 532. Ebenfalls mit Arrest I im Mindest- bis Mittelmaße soll derjenige bestraft werden, welcher:

1. Unter Anwendung von Gewalttätigkeit oder Einschüchterung gegen Personen oder Gewalt gegen Sachen zum Jagen oder Fischen in geschlossenes Besitztum oder umfriedetes Feld eindringt.

2. Ohne Erlaubnis des Eigentümers in fremdem Besitz oder Feld unter gleichen Bedingungen jagt oder fischt und sich hierbei durch die Verfügungen verbotener Mittel bedient.

Treffen gleichzeitig die Bedingungen zusammen, welche in den zwei vorherrschenden Abschnitten besprochen sind, so soll der Schuldige mit Arrest I im Höchstmaße bestraft werden.

Art. 533. Mit den um ein Maß höheren Strafen, als wie sie sich in den zwei vorhergehenden Artikeln angezeigt finden, soll der Diebstahl bestraft werden, wenn:

1. Die betreffenden Gegenstände zum Gottesdienste bestimmt waren oder der Diebstahl während eines Gottesdienstes oder religiösen Handlung, oder in einem hierfür bestimmten Gebäude begangen worden ist.

2. Der Dieb zum Hausgesinde gehörte oder schwerer Vertrauensmißbrauch vorliegt.

3. Rückfall im zweiten oder mehrfachen Falle vorliegt.

Drittes Kapitel.

Widerrechtliche Besitzergreifung.

Art. 534. Wer mit Gewalt oder Einschüchterung gegen Personen eine unbewegliche Sache widerrechtlich in Besitz nimmt oder ein sachliches Recht an fremdem Eigentum usurpiert, soll außer mit den Strafen, welche ihm wegen der verursachten Gewalttätigkeiten zukommen, mit einer Geldstrafe von 50 bis 100 pCt. des Nutzens bestraft werden, welchen er gehabt hat; doch soll die Strafe unter 125 Pesetas nicht betragen.

Ist der Nutzen nicht abzuschätzen, soll die Geldstrafe 125 bis 1250 Pesetas betragen.

Art. 535. Mit Geldstrafe von 50 bis 100 pCt. des Nutzens, welcher erzielt worden ist oder hätte erzielt werden müssen, soll derjenige bestraft werden, welcher Grenzen oder Grenzsteine von Ortschaften oder Besitztümern oder irgend welche andere Art von Zeichen verändert, welche dazu bestimmt sind, die Grenzen alter Felder usw. festzustellen.

Ist der Nutzen nicht abzuschätzen, so soll die Geldstrafe 125 bis 1250 Pesetas betragen.

Viertes Kapitel.

Betrügereien.

Erster Abschnitt.

Betrügerisches Entfernen, Bankrott und strafbare Zahlungsunfähigkeit.

Art. 536. Mit Zuchthaus I soll bestraft werden, wer als Kaufmann sich mit seinem Eigentum zum Nachteil seiner Gläubiger entfernt;

Besserungs-Zuchthaus im Höchstmaße bis Zuchthaus I im Mittelmaße tritt ein, falls der Schuldige nicht Kaufmann ist.

Art. 537. Mit Besserungs-Zuchthaus im Höchstmaße bis Zuchthaus I im Mittelmaße soll der Bankrott bestraft werden, falls er nach Maßgabe des Handelsgesetzbuches als „betrügerische Zahlungsunfähigkeit“ erklärt wird.

Art. 538. Mit Besserungs-Gefängnis im Mindest- bis Mittelmaße soll der Bankrott bestraft werden, welcher aus irgend einem der im Artikel 1005 des Handelsgesetzbuches besprochenen Gründe als „schuldhafte Zahlungsunfähigkeit“ erklärt worden ist.

Art. 539. In den Fällen der beiden vorhergehenden Artikel soll, falls der den Gläubigern zugefügte Verlust nicht 10 pCt. ihrer entsprechenden Forderungen erreicht, der Bankrott mit den um ein Maß niedrigeren Strafen bestraft werden, als wie sie in den besprochenen Artikeln sich angezeigt finden.

Überschreitet der Verlust 50 pCt., so sollen die in den erwähnten Artikeln angezeigten Strafen im Höchstmaße auferlegt werden.

Art. 540. Die in den drei vorhergehengen Artikeln angezeigten Strafen sind auch auf diejenigen Kaufleute anwendbar, welche gewohnheitsmäßig ein Handelsgewerbe betreiben, auch wenn sie als solche nicht eingetragen sind.

Art. 541. Als Gehülfen der betrügerischen Zahlungsunfähigkeit sollen diejenigen bestraft werden, welche irgend eine der Handlungen ausführen, welche in Artikel 1010 des Handelsgesetzbuches besprochen sind.

Art. 542. Mit Arrest I im Höchstmaße bis Besserungs-Gefängnis im Mindestmaße soll der in Konkurs geratene Nichtkaufmann bestraft werden, dessen Zahlungsunfähigkeit ganz oder teilweise aus einer der folgenden Ursachen herrührt:

1. Wenn übermäßige oder in Rücksicht auf das Vermögen unberechtigte häusliche oder persönliche Aufwendungen gemacht worden sind; hierbei sind Rang und Familie hinsichtlich der näheren Umstände zu berücksichtigen.

2. Wenn der Betreffende in irgend einer Art von Spiel Verluste erlitten hat, welche das Maß dessen überschreiten, was ein sorgsamer Familienvater in Unterhaltungen dieser Art zum Vergnügen aufs Spiel setzen darf.

3. Wenn der Betreffende bei hohen Wetten, Schein-Käufen und Verkäufen oder sonst irgend einer Art Differenzspiel, dessen Ausgang lediglich vom Glücke abhängt, Verluste erlitten hat.

4. Wenn der Betreffende sich irgendwelcher Vermögenswerte entäußert hat, deren Bezahlung er noch schuldet und hierbei ein bemerkenswertes Mißverhältnis zum Werte zutage tritt.

5. Falls der Betreffende es unterlassen hat, rechtzeitig seinen Konkurs anzumelden, wenn seine Passiven drei mal so groß waren wie die Aktiva.

Art. 543. Mit Besserungs-Zuchthaus im Höchstmaße bis Zuchthaus I im Mindestmaße soll der in Konkurs geratene Nichtkaufmann bestraft werden, dessen Zahlungsunfähigkeit ganz oder teilweise auf eine der folgenden Handlungen zurückzuführen ist: wenn der Betreffende:

1. In die Schulden-Aufstellung, Güterverzeichnis oder Denkschriften, welche er der richterlichen Behörde vorgelegt hat, vorgeschobene Ausgaben, Verluste oder Schulden eingestellt oder Vermögenswerte oder Ansprüche verheimlicht hat.

2. Sich fremde Güter angeeignet oder beiseite gebracht hat, welche ihm in Depot, Verwaltung oder Kommission gegeben waren.

3. Veräußerung oder irgend welche Belastung seiner Güter, Schulden oder Verpflichtungen vorgeschützt hat.

4. Güter auf den Namen einer anderen Person auf Grund eines eine belastende Verpflichtung enthaltenen Titels (titulo oneroso) erlangt hat.

5. Zum Schaden seiner Gläubiger eine Zahlung im Voraus geleistet hat, welche erst in einer Zeit nach der Konkurserklärung hätte eingefordert werden können.

6. nach der Konkurserklärung zur Masse gehörende Werte beiseite gebracht hat.

Art. 544. Die im Artikel 539 enthaltene Vorschrift ist auch auf die beiden vorhergehenden Artikel anwendbar.

Art. 545. Als Gehülfen beim Verbrechen der betrügerischen Zahlungsunfähigkeit eines Nichtkaufmanns sollen diejenigen bestraft werden, welche sich irgend einer der folgenden Handlungen zu Schulden kommen lassen:

1. Mit dem in Konkurs Erklärten unter einer Decke stecken, um gegen ihn ein Guthaben fälschlicher Weise vorzugeben oder dasselbe zu erhöhen, die Art desselben oder das Datum verändern mit der Absicht, zum Nachteile anderer Gläubiger in der Reihenfolge mehr nach vorn zu rangieren; strafbar ist diese Handlungsweise, auch wenn sie vor der Konkurserklärung stattgefunden hat.

2. Dem in Konkurs Geratenen beim Verbergen oder Beiseiteschaffen seiner Güter geholfen haben.

3. Den Konkursverwaltern das Vorhandensein von Vermögenswerten verheimlicht haben, welche in ihrem Besitz befindlich dem Schuldigen gehören oder die besprochenen Werte nicht den Konkursverwaltern, sondern dem in Konkurs Geratenen aushändigen.

4. Mit dem in Konkurs Geratenen private Abmachungen zum Schaden der anderen Gläubiger treffen.

Art. 546. Die in diesem Kapitel angezeigten Strafen sollen im Höchstmaße bis Mittelmaße den in Konkurs oder Bankrott Geratenen treffen, welcher das anvertraute depositum miserabile aut necessarium nicht zurückerstattet.

Zweiter Abschnitt.

Betrug und andere Gaunereien.

Art. 547. Wer einen andern in der Substanz, Menge oder Beschaffenheit der Sachen betrügt, welche er in Ansehung einer verpflichtenden Abmachungen zu übergeben hat, soll bestraft werden mit:

1. Arrest I im Mindest- bis Mittelmaße, wenn der Betrug 1000 Pesetas nicht übersteigt,

2. Arrest I im Mittelmaße bis Besserungs-Zuchthaus im Mindestmaße, wenn der Wert mehr wie 100 Pesetas beträgt, 2500 Pesetas jedoch nicht überschreitet.

3. Besserungszuchthaus im Mindest- bis Mittelmaße, wenn der Betrag 2500 Pesetas übersteigt.

Art. 548. Mit den Strafen des vorigen Artikels soll bestraft werden:

1. Wer einen anderen betrügt unter Gebrauch eines falschen Namens, Anmaßung eines Amtscharakters, Vorspiegelung angeblichen Einflusses oder sonstiger Eigenschaften, fälschlicher Vorgabe von Besitz, Kredit, Auftrag, Kommission oder nicht bestehenden Geschäften, oder unter Zuhilfenahme irgend eines anderen betrügerischen Mittels, welches nicht in den folgenden Fällen miterwähnt ist.

2. Die Uhrmacher und Juweliere, welche einen Betrug begehen, indem sie die Qualität, den Feingehalt oder das Gewicht der Gegenstände verändern, welche sich auf ihr Handwerk oder ihren Geschäftszweig beziehen.

3. Die Gewerbetreibenden, welche im Gebrauch der Maße und Gewichte betrügen, oder sonstige Verfehlungen bei der Abgabe ihrer Handelsobjekte begehen.

4. Diejenigen, welche unter dem Vorwande angeblicher Zuwendungen an öffentliche Beamte betrügen, ganz abgesehen von der Verleumdungsklage, welche jenen zusteht.

Die in den drei vorhergehenden Nummern aufgeführten Personen soll die Strafe im Höchstmaße treffen.

5. Diejenigen, welche sich zum Nachteil Anderer Geld, Effekten oder sonst eine bewegliche Sache aneignen oder bei Seite bringen, die sie als Depot, in Kommission oder durch sonst einen Titel erhalten haben, welcher die Verpflichtung zur Übergabe oder Rückgabe auferlegt; ebenso diejenigen, welche den Empfang überhaupt leugnen.

Die Strafen sollen im Höchstmaße auferlegt werden im Falle des depositum miserabile aut necessarium.

6. Diejenigen, welche irgend einen Betrug unter Mißbrauch der Blanko-Unterschrift eines Anderen begehen, oder indem sie ein Dokument zum Schaden jener oder eines Dritten hiermit ausstellten.

7. Diejenigen, welche einen Andern betrügen, indem sie ihn in hinterlistiger Weise irgend ein Dokument unterschreiben lassen.

8. Diejenigen, welche beim Spiel sich betrügerischer Mittel bedienen, um sich die günstige Entscheidung zu sichern.

9. Diejenigen, welche einen Betrug begehen, indem sie irgend ein Dokument oder sonstwie wichtiges Papier, irgendwelche Verfügungen oder Prozeßakten bei Seite bringen, verbergen oder ganz oder teilweise unbrauchbar machen.

Geldstrafe von 125 bis 1250 Pesetas tritt ein, wenn dieses Delikt ohne betrügerische Absicht begangen worden ist.

Art 549. Die in den vorhergehenden Nummern aufgezählten Verbrechen sollen mit der um ein Maß höheren Strafe bestraft werden, wenn sie zum zweiten oder mehrfachen Male in demselben oder ähnlichen Verbrechen rückfällig sind.

Art. 550. Mit Arrest I im Mindest- bis Mittelmaße sowie einer Geldstrafe im doppelten bis dreifachen Betrage des verursachten Schadens soll derjenige bestraft werden, welcher unter der Angabe, Besitzer einer beweglichen Sache zu sein, sich dieser entäußert, sie vermietet, belastet oder verpfändet.

Gleicher Strafe soll verfallen, wer über eine Sache verfügt, als wenn sie frei wäre, obwohl er weiß, daß sie belastet ist.

Art. 551. Mit den im vorhergehenden Artikel bezeichneten Strafen sollen bestraft werden:

1. Der Eigentümer einer beweglichen Sache, welcher dieselbe demjenigen fortnimmt, der sie gesetzlicher Weise besitzt, zum Schaden des Besitzers oder eines Dritten.

2. Wer zum Nachteil eines Anderen einen Scheinkontrakt bewilligt.

Art. 552. Ebenso soll den in Artikel 550 bezeichneten Strafen verfallen, wer irgend einen Betrug an geistigem oder industriellem Eigentum begeht.

Art. 553. Mit Arrest I und Geldstrafe von 10 bis 50 pCt. der von dem Minderjährigen eingegangenen Verpflichtung soll derjenige bestraft werden, welcher unter mißbräuchlicher Ausnutzung der Unerfahrenheit oder Passionen eines Minderjährigen diesen veranlaßt, zu seinem Nachteil eine Verpflichtung einzugehen, eine Entlastung oder Rechtsübertragung in Ansehung eines Gelddarlehens, Kredites oder sonst einer beweglichen Sache zu bewilligen; gleichgültig, ob das Darlehen deutlich erkennbar oder unter irgend einer Form verschleiert ist.

Art. 554. Mit einer Geldstrafe im gleichen oder doppelten Betrage des angerichteten Schadens soll derjenige bestraft werden, welcher einen anderen durch irgendwelche Hinterlist, die nicht in den vorhergehenden Artikeln dieses Abschnittes besprochen ist, betrügt oder benachteiligt. Im Rückfall tritt Arrest I im Mittel- bis Höchstmaße und Geldstrafe im doppelten Betrage ein.

Fünftes Kapitel.

Machinationen, um den Preis einer Sache zu beeinflussen.

Art. 555. Mit Geldstrafe von 10 bis 50 pCt. des Wertes der versteigerten Sache — falls wegen der Drohungen oder sonstwie angewandten Mittel keine höhere Strafe verwirkt ist, — sollen diejenigen bestraft werden, welche ein Geldgeschenk oder Versprechen beanspruchen, um an einer öffentlichen Versteigerung nicht Teil zu nehmen, sowie diejenigen, welche durch Drohungen, Geschenke, Versprechen oder sonst einen Kunstgriff versuchen, die Bieter von der Versteigerung abzuhalten, um den Preis bei der Auktion zu beeinflussen.

Art. 556. Mit Arrest I sollen diejenigen bestraft werden, welche sich zusammentun, um in mißbräuchlicher Weise den Arbeitslohn zu verteuern oder zu verbilligen oder die Bedingungen festzusetzen, falls die Vereinigung tatsächlich begonnen hat, ihre Pläne auszuführen.

Diese Strafe soll im Höchstmaße die Führer und Anstifter der Vereinigung treffen sowie diejenigen, welche, um sich den Erfolg zu sichern, Drohungen oder Gewalttätigkeiten angewandt haben, falls sie für ihr Vergehen keine größere Strafe verdient haben.

Art. 557. Mit Arrest I und Geldstrafe von 500 bis 5000 Pesetas sollen diejenigen bestraft werden, welche durch Ausstreuen falscher Gerüchte oder Anwendung irgend sonst eines Tricks es zu erreichen suchen, die natürlichen Preise der Waren, wie sie aus dem freiem Wettbewerbe sich ergeben, der öffentlichen oder privaten Papiere oder sonst irgend welcher Sachen, die zum Gegenstande von Verträgen gemacht sein könnten, einer Veränderung zu unterwerfen.

Art. 558. Im Höchstmaße soll die Strafe auferlegt werden, wenn die im vorigen Artikel besprochene betrügerische Handlung sich auf Nahrungsmittel oder sonstwie Gegenstände allernotwendigster Art (de primera necesidad) bezogen haben.

Für die Verhängung dieser Strafe genügt es, daß die Vereinigung in Wirksamkeit zu treten begonnen hatte.

Sechstes Kapitel.

Leihhäuser.

Art. 559. Mit Geldstrafe von 500 bis 5000 Pesetas soll bestraft werden, wer das Geschäft Geld auf Pfänder, Gehälter oder Salaire zu leihen betreibt und hierbei keine Bücher führt, in denen er ohne Stellen frei zu lassen oder zwischen zu schreiben, die geliehenen Beträge, Zinsen und Termine, Namen und Wohnung des Empfängers Art, Qualität und Wert der beliehenen Gegenstände, sowie alle sonstigen näheren Umstände bucht, welche die betreffenden Reglements erfordern.

Art. 560. Mit einer Geldstrafe im doppelten bis fünffachen Betrage des Wertes soll der Pfandleiher bestraft werden, welcher für das empfangene Pfand keine Sicherheit oder Empfangsschein gibt.

Siebentes Kapitel.

Brandstiftung und sonstige Verwüstungen.

Art. 561. Mit zeitlicher bis lebenslänglicher Kette sollen diejenigen bestraft werden, welche:

1. Ein Arsenal, Dock, Proviantbaus, Pulverfabrik oder militärische Feuerwerkstätte, Artilleriepark, staatliches Archiv oder allgemeines Museum in Brand stecken.

2. Einen Passagierzug auf der Fahrt oder ein Schiff außerhalb des Hafens anzünden.

3. In einer Ortschaft ein Geschäft mit leicht brennbaren oder explodierfähigen Materialien in Brand setzen.

4. Ein Theater, eine Kirche oder ein zu Versammlungen bestimmtes Gebäude anstecken, wenn sich in ihnen eine zahlreiche Menschenmenge versammelt hat.

Art. 562. Mit zeitlicher bis lebenslänglicher Kette sollen diejenigen bestraft werden, welche ein Gebäude, Bauerngut, Schäferhütte, Herberge oder Schiff im Hafen anzünden, obwohl sie wußten, daß sich darin eine oder mehrere Personen aufhielten.

Art. 563. Zeitliche Kette soll diejenigen treffen, welche:

1. Ein öffentliches Gebäude anstecken, wenn der Wert des verursachten Schadens 2500 Pesetas übersteigt.

2. Ein bewohntes Haus oder sonst ein Gebäude, in welchem sich gewohnheitsmäßig verschiedene Personen zu vereinigen pflegen, anstecken, ohne zu wissen, ob Menschen darin sind oder nicht; oder einen Güterzug auf der Reise, wenn der in den entprechenden Fällen verursachte Schaden 2500 Pesetas übersteigt.

Art. 564. Mit Zuchthaus I sollen diejenigen bestraft werden, welche:

1. Irgend eines der im vorhergehenden Artikel besprochenen Verbrechen begehen, falls der Wert des verursachten Schadens 2500 Pesetas übersteigt.

2. In einer Ortschaft ein nicht zum Wohnen oder zu Versammlungszwecken bestimmtes Gebäude anstecken, wenn der Wert des verursachten Schadens 2500 Pesetas übersteigt.

Art. 565. Den Schuldigen soll Besserungs-Zuchthaus im Mittel- bis Höchstmaße treffen, wenn der verursachte Schaden nach dem vorigen Artikel zwar 2500 Pesetas nicht überschreitet, aber 250 Pesetas übersteigt.

Überschreitet er 250 Pesetas nicht, so soll Besserungs-Zuchthaus im Mindest- bis Mittelmaße eintreten.

Art. 566. Mit Besserungs-Zuchthaus im Höchstmaße bis Zuchthaus I im Mittelmaße sollen, falls der verursachte Schaden 2500 Pesetas übersteigt, diejenigen bestraft werden, welche:

1. Ein zum Wohnen bestimmtes Gebäude an einem einsamen Orte anzünden.

2. Pflanzungen oder Heuschober, Wälder oder Getreidefelder anstecken.

Art. 567. Wenn der in den Fällen des vorigen Artikels verursachte Schaden zwar 2500 Pesetas nicht übersteigt, aber mehr beträgt wie 250 Pesetas, soll die Strafe Besserungs-Zuchthaus im Mittelmaße bis Zuchthaus I im Mindestmaße sein.

Art. 568. Beträgt der Schaden 250 Pesetas nicht, so soll die um ein Maß niedrigere Strafe zur Anwendung kommen, wenn der Brand an einem Gebäude angelegt worden ist, und die um zwei Maß niedriger, wenn Heuschober, Wälder, Pflanzungen oder Getreidefelder angesteckt worden sind.

Art. 569. Die um ein Maß höhere Strafe, wie sie dem Verbrechen entsprechen würde, soll zur Anwendung kommen, wenn beim Inbrandsetzen der Pflanzungen, Heuschober, Wälder oder Getreidefelder die Gefahr größerer Ausdehnung des Brandes vorgelegen hat, da andere brennende Gegenstände sich in der Nähe befanden.

Art. 570. Die Brandstiftung an anderen in den vorhergehenden Artikeln nicht aufgszählten Gegenständen soll bestraft werden mit:

1. Arrest I mit Mittel- bis Höchstmaße, wenn der verursachte Schaden 50 Pesetas nicht übersteigt.

2. Arrest I im Höchstmaße bis Besserungs-Gefängnis im Mindestmaße, wenn der verursachte Schaden 50 Pesetas zwar übersteigt, aber über 500 Pesetas nicht hinausgeht.

3. Besserungs-Zuchthaus im Mindest- bis Mittelmaße, wenn der verursachte Schaden 500 Pesetas übersteigt, aber 2500 Pesetas nicht überschreitet.

4. Besserungs-Zuchthaus im Mittel- bis Höchstmaße, wenn der Schaden 2500 Pesetas übersteigt.

Art. 571. Ist die Brandstiftung begangen an unbewohnten Schäferhütten, Strohschobern, Schuppen oder an sonst irgend einem Objekt, dessen Wert 250 Pesetas nicht übersteigt, zu Zeiten und unter Verhältnissen, welche offensichtlich jede Verbreitungsgefahr ausschließen, so soll der Schuldige nicht den in diesem Kapitel angezeigten Strafen verfallen, sondern in Ansehung der Vorschriften im folgenden Kapitel für den Schaden zur Verantwortung gezogen werden, welchen er angerichtet hat.

Art. 572. Mit den Strafen dieses Kapitels sollen in den entsprechenden Fällen diejenigen bestraft werden, welche Verwüstungen angerichtet haben durch Überschwemmungen, Scheitern lassen oder Versenken eines Schiffes, durch Explosion einer Mine oder Dampfmaschine; Aufreißen der Schienen einer Eisenbahn, böswilliges Vertauschen der Signale, welche für die Sicherheit der in Fahrt befindlichen Züge dienstlich in Gebrauch sind, Zerstören der Telegraphenlinien oder deren Pfosten, wie allgemein durch irgend eine andere Triebkraft oder Zerstörungsmittel, welches in seiner Wirkung den vorher besprochenen Mitteln gleichwertig ist.

Art. 573. Wer sich der Brandstiftung oder sonstiger Verwüstungen an fremdem Eigentum schuldig gemacht hat, soll auch dann nicht von den in diesem Kapitel festgesetzten Strafen befreit sein, wenn er, um das Verbrechen zu begehen, sein eigenes Hab und Gut angesteckt oder zerstört hat.

Art. 574. Gehören die angezündeten Sachen ausschließlich dem Brandstifter, so soll den Schuldigen Arrest I im Höchstmaße bis Besserungs-Gefängnis im Mindestmaße treffen, wenn die Brandstiftung in der Absicht begangen worden ist, die Rechte einer dritten Person zu schädigen oder ihnen Nachteile zuzufügen, oder wenn, falls auch diese Absicht nicht vorgelegen hat, der Schaden doch tatsächlich eingetreten ist, oder wenn das angezündete Objekt ein Haus an einem bewohnten Orte gewesen ist.

Achtes Kapitel.

Sachbeschädigung.

Art. 575. Der Sachbeschädigung machen sich schuldig und sind den Strafen dieses Kapitels diejenigen unterworfen, welche in fremdem Eigentum irgend eine Beschädigung verursachten, die nicht im vorigen Kapitel sich verzeichnet findet.

Art. 576. Mit Besserungs-Gefängnis im Mindest- bis Mittelmaße sollen diejenigen bestraft werden, welche einen Schaden, dessen Wert 2500 Pesetas übersteigt, verursachen, falls dies geschieht:

1. Mit der Absicht, die freie Ausübung der Behörde zu hindern oder als Rache für ihre Verfügungen gleichgültig, ob das Verbrechen gegen öffentliche Beamte oder Privatleute begangen worden ist, welche als Zeugen oder auf sonst irgend eine Weise zur Vollstreckung oder Anwendung der Gesetze beigetragen haben oder beitragen könnten.

2. Durch irgend eine Ansteckung oder Infektion unter den Heerden.

3. Durch Anwendung giftiger oder zerstörender Substanzen.

4. In Bande oder an einsamem Orte.

5. An einem Archive oder Register.

6. An Brücken, Straßen, Spazierwegen oder irgend welchen Gegenständen, welche zum öffentlichen oder kommunalen Gebrauche bestimmt sind.

7. Durch den Ruin des Geschädigten.

Art. 577. Mit Arrest I soll bestraft werden, wer auf irgend eine im vorigen Artikel besprochene Art und Weise einen Schaden verursacht, dessen Betrag 50 Pesetas übersteigt, aber 2500 Pesetas nicht überschreitet.

Art. 578. Brandstiftung oder Zerstörung von Papieren und Dokumenten, deren Wert abschätzbar ist, sollen gemäß den Bestimmungen dieses Kapitels bestraft werden.

Ist der Verlust nicht abzuschätzen, so sollen Arrest I im Höchstmaße bis Besserungs-Gefängnis im Mittelmaße und Geldstrafe von 250 bis 2500 Pesetas eintreten.

Die Verfügungen in diesem Artikel gelten nur dann, wenn die Tat kein anderes schwereres Verbrechen darstellt.

Art. 579. Die in den vorhergehenden Artikeln nicht einbegriffenen Beschädigungen, deren Wert 50 Pesetas überschreitet, sollen mit einer Geldstrafe im doppelten bis dreifachen Betrages des verursachten Schadens bestraft werden; doch darf die Strafe nicht weniger wie 75 Pesetas betragen.

Diese Verfügung findet keine Anwendung auf die Schäden, welche durch Vieh verursacht oder als Vergehen (weniger schwerer Verbrechen) anzusehen sind, in Übereinstimmung mit der Anordnung in Buch 3.

Die Verfügungen des vorstehenden Kapitels sollen nur dann Geltung haben, wenn die Tat keine größere Strafe unter Berücksichtigung der Bestimmungen in Artikel 530 verdient.

Neuntes Kapitel.

Allgemeine Verfügungen.

Art. 580. Von der strafrechtlichen Verantwortlichkeit wegen der Diebstähle, Betrügereien und Beschädigungen, welche sie wechselseitig einander zufügen, sind frei und lediglich der zivilen Verantwortung unterworfen:

1. Die Ehegatten, Ascendenten oder Descendenten oder Verwandten in denselben Graden.

2. Der überlebende Ehegatte bezüglich der Sachen, welche dem verstorbenen Ehegatten gehört haben, so lange dieselben nicht in das Eigentum eines Dritten übergegangen sind.

3. Die Geschwister und Schwäger, falls sie zusammen leben.

Die Ausnahme dieses Artikels findet keine Anwendung auf die Fremden, welche an dem Verbrechen teilgenommen haben.

Vierzehnter Titel.

Tollkühner Leichtsinn.

Art. 581. Mit Arrest I im Höchstmaße soll bestraft werden, wer aus tollkühnem Leichtsinn eine Handlung begeht, welche in böser Absicht getan, ein schweres Verbrechen darstellen würde; mit Besserungs-Gefängnis im Mindestmaße und Arrest I im Mindest- bis Mittelmaße, wenn die Tat ein weniger schweres Verbrechen darstellen würde.

Mit Arrest I im Mittel- bis Höchstmaße soll bestraft werden, wer unter Verstoß gegen die Reglements aus reiner Unklugheit oder Nachlässigkeit ein Verbrechen begeht.

Bei Anwendung dieser Strafen sollen die Gerichte nach freiem Gutdünken vorgehen, ohne sich an die im Artikel 82 vorgeschriebenen Regeln zu halten.

Die Verfügungen dieses Artikels sollen keine Geltung haben, wenn die für das Verbrechen angezeigte Strafe gleich oder niedriger ist wie diejenigen, welche im ersten Abschnitt dieses Artikels enthalten sind; in diesem Falle sollen die Gerichte die Strafe verhängen, welche der zukommenden Strafe am nächsten kommt und zwar in dem Grade, welcher ihnen gut scheint.

Fünfzehnter Titel.

Allgemeine Bestimmungen.

Art. 582. Diejenigen, welche direkt durch die Presse, durch Zeichnungen oder sonst irgend eine Art der Veröffentlichung auf mechanischem Wege zu der Ausführung der in diesem Gesetzbuche aufgezählten Verbrechen herausgefordert haben, sollen mit der um zwei Maße niedrigeren Strafe bestraft werden, als wie sie sich für das Verbrechen angezeigt finden.

Art. 583. Ist der Aufforderung die direkte Ausführung des Verbrechens gefolgt, so soll die Strafe der Aufforderung nur um ein Maß niedriger sein, als wie sie sich für das Verbrechen selbst angezeigt findet.

Drittes Buch.

Übertretungen und ihre Strafen.

Erster Titel.

Übertretungen der Presse sowie Übertretungen der öffentlichen Ordnung.

Erstes Kapitel.

Übertretungen der Presse.

Art. 584. Mit Geldstrafe von 25 bis 125 Pesetas sollen bestraft werden:

1. Der Direktor einer Zeitung, in welcher falsche Tatsachen behauptet worden sind, falls dieser sich weigert, innerhalb einer Frist von drei Tagen die Erwiderung gratis zu veröffentlichen, welche die angegriffene oder irgend eine hierzu befugte Person eingesandt hat; die Tatsachen müssen auseinander gesetzt und richtig gestellt werden, doch in der Form, daß die Berichtigung an Umfang nicht den doppelten Raum des Flugblattes oder der falschen Notiz überschreitet.

Im Falle der Abwesenheit oder des Todes des Beleidigten sollen seine Kinder, Eltern, Geschwister oder Erben das gleiche Recht genießen.

2. Diejenigen, welche mittels der Presse, Lithographie oder eines anderen mechanischen Veröffentlichungsverfahrens in böswilliger Absicht Tatsachen veröffentlichen, welche sich, ohne beleidigend zu sein, auf das Privatleben beziehen, aber trotzdem in der Familie, auf welche die Notiz sich bezieht, schwere Nachteile oder Verstimmungen hervorrufen können.

3. Diejenigen, welche durch dieselben Veröffentlichungsmittel in böswilliger Absicht falsche Nachrichten veröffentlichen, welche geeignet sind, irgend eine Gefahr für die öffentliche Ordnung oder Schädigung der Interessen oder des Kredites des Staates hervorzurufen.

4. Diejenigen, welche in gleicher Form, aber ohne ein Verbrechen zu begehen, zum Ungehorsam gegen die Gesetze oder verfassungsmäßige Obrigkeit auffordern; Handlungen, welche vom Gesetz als Verbrechen bezeichnet sind, verherrlichen oder die Moral, die guten Sitten oder das öffentliche Schamgefühl beleidigen.

5. Diejenigen. welche in böswilliger Absicht offizielle Verfügungen, Anordnungen oder Dokumente veröffentlichen, ohne hierzu die nötige Autorisation zu haben und bevor die betreffenden Verfügungen offiziell hätten veröffentlicht werden dürfen.

Zweites Kapitel.

Übertretungen gegen die öffentliche Ordnung.

Art. 585. Mit Geldstrafe im doppelten bis vierfachen Betrage des angerichteten Schadens, falls die Tat wegen ihrer Schwere nicht in das zweite Buch dieses Gesetzbuches hinein gehört, sollen diejenigen bestraft werden, welche Statuen oder Gemälde mit Steinen bewerfen oder beschmutzen, oder irgend einen Schaden in den Straßen, Parks, Gärten oder Spazierwegen, an der Beleuchtung, Schmuckgegenständen oder Gegenständen zum öffentlichen Nutzen oder Erholung anrichten, auch wenn die besagten Objekte Privatleuten gehören.

Gleicher Strafe sollen diejenigen verfallen, welche in irgend einer Weise die bezüglich der Auschmückung der Ortschaften gegebenen Vorschriften verletzen.

Art. 586. Mit Arrest von 1 bis 10 Tagen und einer Geldstrafe von 5 bis 50 Pesetas sollen diejenigen bestraft werden, welche:

1. Den Gottesdienst irgend eines Bekenntnisses stören oder das religiöse Gefühl der Teilnehmer am Gottesdienste in einer Form beleidigen, welche in Abschnitt 3, Kapitel II, Titel II des zweiten Teiles dieses Gesetzbuches nicht vorgesehen ist.

2. Durch Ausstellung von Bildern oder Zeichnungen oder irgend welche sonstige Handlungen die Moral und die guten Sitten beleidigen, ohne direkt ein Verbrechen zu begehen.

Art. 587. Mit 1 bis 5 Tagen Arrest und Geldstrafe von 5 bis 50 Pesetas sollen diejenigen bestraft werden, welche innerhalb einer Ortschaft oder an einem öffentlichen oder belebten Platze Feuerwaffen, Feuerwerkskörper, Kanonenschläge oder sonst eine Art von Sachen abbrennen, welche Aufregung oder Gefahr hervorrufen könnten.

Art. 588. Mit 1 bis 15 Tagen Arrest und Geldstrafe von 25 bis 75 Pesetas sollen diejenigen bestraft werden, welche:

1. in weniger schwerer Form die Ordnung vor Gericht oder bei einer Verhandlung, öffentlichen Akten, Schauspielen, Feierlichkeiten oder zahlreich besuchten Versammlungen stören.

2. In ihrer Eigenschaft als Untergebene im Zivilstande gegen den schuldigen Respekt und Ergebenheit gegenüber ihren Vorgesetzten verstoßen, falls sich für die Tat in diesem Gesetzbuche oder in anderen Gesetzen keine größere Strafe angezeigt findet.

Art. 589. Mit Geldstrafe von 5 bis 25 Pesetas und Verweis sollen diejenigen bestraft werden, welche:

1. An Katzenmusiken oder anderen lärmenden Vereinigungen teilnehmen oder dieselben veranlassen, unter Beleidigung einer Person oder unter Schädigung oder zum Nachteile des ruhigen Publikums.

2. Bei nächtlichen Ständchen oder anderen Zerstreuungen die öffentliche Ordnung stören, ohne ein Verbrechen zu begehen.

3. Durch Betrunkenheit Störungen oder Skandal verursachen.

4. In geringer Weise die öffentliche Ordnung stören und sich hierbei Mittel bedienen, welche erfahrungsgemäß geeignet sind, Lärm oder Beunruhigung hervorzurufen; vorausgesetzt, daß diese Verfehlungen nicht schon anderen Verfügungen dieses Gesetzbuches unterliegen.

5. Gegen den Respekt und die Achtung verstoßen, welche man der Behörde schuldig ist oder nur in leichter Weise derselben ungehorsam sind, indem sie es unterlassen, die von jener angeordneten speziellen Befehle zu befolgen, falls die Verfehlung oder der Ungehorsam kein Verbrechen darstellen.

6. In irgend einer Weise, welche kein Verbrechen darstellt, die Agenten der Obrigkeit beleidigen, falls diese sich nicht in Ausübung ihrer Amtstätigkeit befinden; sowie diejenigen, welche in gleichem Falle ihnen ungehorsam sind.

7. Der Obrigkeit nicht die Hilfe leisten, welche diese im Falle eines Verbrechens, einer Feuersbrunst, eines Schiffbruches, Überschwemmung oder sonstigen Unglücks nachsucht, obwohl sie es ohne persönliche Gefahr oder Schaden hätten tun können.

Art. **590.** Mit Geldstrafe von 25 bis 75 Pesetas sollen diejenigen bestraft werden, welche der Behörde oder einem öffentlichen Beamten, von welchen sie kraft ihres Amtes danach gefragt werden, ihren wahren Namen, Herkunft, Stand oder Wohnung verschweigen.

Art. **591.** Mit Geldstrafe von 5 bis 25 Pesetas sollen diejenigen bestraft werden, welche:

1. Ohne entsprechenden Titel Handlungen eines Berufes ausüben, welcher besonderen Titel erfordert.

2. Zu nicht erlaubter Zeit maskiert auf die Straße gehen, unter Verletzung der Anordnungen der Obrigkeit.

3. Ohne Erlaubnis Waffen gebrauchen.

Zweiter Titel.

Übertretungen gegen die allgemeinen Interessen und die Ordnung innerhalb der Ortschaften.

Art. **592.** Mit 1 bis 10 Tagen Arrest oder Geldstrafe von 5 bis 50 Pesetas sollen bestraft werden:

1. Diejenigen, welche sich weigern, gesetzliche Münze in Zahlung zu nehmen.

2. Diejenigen, welche falsches Geld guten Glaubens erhalten haben, dasselbe aber nach Kenntnis der Fälschung in einer Menge ausgeben, die zwar 25 Pesetas übersteigt, aber über 125 Pesetas nicht hinausgeht.

3. Die Geschäftsleute oder Verkäufer, welche Maße oder Gewichte haben, die in künstlicher Weise zum Betrug hergerichtet sind oder sonst in irgend einer Weise gegen die Regeln verstoßen, welche bezüglich der gerichten Maße oder Gewichte für die Zunft, der sie angehören, festgesetzt sind.

4. Diejenigen, welche das Publikum durch irgend ein nicht ausdrücklich bestraftes Mittel bei Verkauf von Waren, sei es in Quantität oder Qualität, betrügen.

5. Die Kaufleute oder Verkäufer, bei denen Nahrungsmittel angetroffen werden, welche nicht das entsprechende Gewicht, Maß oder Qualität besitzen,

Art. 593. Mit Arrest von 5 bis 15 Tagen und Geldstrafe von 25 bis 75 Pesetas sollen diejenigen bestraft werden, welche:

1. Falsche Gerüchte verbreiten oder sich irgend eines unerlaubten Mittels bedienen, um den natürlichen Preis der Waren zu verändern, falls die Tat kein Verbrechen darstellt.

2. Gegen die polizeilichen Maßnahmen verstoßen, welche darauf gerichtet sind, die Versorgung der Bevölkerung mit Lebensmitteln usw. zu regeln.

Art. 594. Mit Geldstrafe von 5 bis 25 Pesetas sollen diejenigen bestraft werden, welche an öffentlichen Orten und Etablissements an irgend einer Art von Glücksspielen, welche nicht zum bloßen Zeitvertreib oder zur Erholung dienen, teilnehmen oder dieselben veranstalten.

Art. 595. Mit Arrest von 5 bis 15 Tagen und Geldstrafe von 25 bis 75 Pesetas sollen in den Fällen, die nicht im zweiten Teile dieses Strafgesetzbuches behandelt werden, bestraft werden:

1. Die Apotheker, welche Medikamente von schlechter Beschaffenheit verabfolgen:

2. Die Besitzer oder Verwalter von Gasthöfen, Konditoreien, Bäckereien und anderen ähnlichen Etablissements, welche verdorbene oder verfälschte Getränke oder Eßwaren verkaufen oder ausschänken, die der Gesundheit schädlich sind oder beim Gebrauch und Aufbewahrung der zur Bedienung bestimmten Gefäße, Maße oder Gerätschaften nicht die festgesetzten Regeln oder Vorsichtsmaßregeln gebrauchen, falls die Tat kein Verbrechen darstellt.

Art. 596. Mit Geldstrafe von 5 bis 25 Pesetas und Verweis sollen diejenigen bestraft werden, welche:

1. sich baden unter Verstoß gegen die Anstandsregeln oder die von der Behörde aufgestellten Sicherheitsvorschriften.

2. gegen die polizeilichen Gesundheitsmaßregeln über Prostitution verstoßen.

3. Gegen die Vorschriften sich vergehen, welche von der Behörde zu Zeiten einer Epidemie oder ansteckenden Krankheit erlassen worden sind.

4. Gegen die Reglements, Anordnungen oder öffentlichen Bekanntmachungen verstoßen bezüglich Epidemien unter Tieren, Vernichtung der Heuschrecken oder einer ähnlichen Plage.

5. Gegen die von der Verwaltung vorgeschriebenen Sanitätsmaßregeln bezüglich Überführung von Leichen und Beerdigungen verstoßen, falls die betreffenden Fälle nicht bereits im 2. Teile dieses Gesetzbuches vorgesehen sind.

6. Die Leichen, Friedhöfe oder Beerdigungsplätze durch Handlungen profanieren, welche kein Verbrechen darstellen.

7. Tote Tiere, Kehricht oder Schutt auf die Straßen oder öffentlichen Plätze werfen, wo dies zu tun verboten ist, oder die Brunnen oder Tränken beschmutzen.

8. Gegen die Regeln oder polizeilichen Verfügungen verstoßen bezüglich Verarbeitung von stinkenden oder ungesunden Substanzen, oder dieselben auf die Straßen schütten.

9. Auf irgend eine Art und Weise, die kein Verbrechen darstellt, gegen die Verordnungen, Verfügungen oder Maßnahmen über öffentliche Gesundheit verstoßen, welche von der Behörde innerhalb des Rahmen ihrer Befugnisse erlassen sind.

Art. 597. Mit Arrest von 1 bis 5 Tagen oder Geldstrafe von 5 bis 50 Pesetas sollen diejenigen bestraft werden, welche:

1. Ohne die erforderliche Erlaubnis oder mit Überschreitung der ihnen bewilligten Grenzen öffentliche Schaustellungen geben oder irgend eine Art von Versammlungen abhalten.

2. Ohne Erlaubnis der Behörde — falls dieselbe notwendig gewesen sein sollte — Etablissements irgend welcher Art eröffnen.

Art. 598. Mit Arrest von 5 bis 10 Tagen oder Geldstrafe von 25 bis 75 Pesetas sollen diejenigen bestraft werden, welche:

1. Die öffentliche oder an der Außenseite von privaten Gebäuden befindliche Beleuchtung, an Portalen oder Treppen auslöschen.

2. Gegen die Regeln verstoßen, welche für die öffentliche Beleuchtung da gegeben sind, wo dieser Dienst durch Privatleute gehandhabt wird.

Art. 599. Mit Geldstrafe von 5 bis 50 Pesetas oder Verweis sollen bestraft werden:

1. Die Arzte, welche an einer Person, der sie ihre Hilfe leisten, oder an einer Leiche Anzeichen einer Vergiftung oder eines anderen Verbrechens bemerken und nicht sofort der Behörde davon Mitteilung machen; falls nicht den Umständen nach für den Arzt eine größere Verantwortlichkeit eintritt.

2. Die mit der Bewachung oder Beaufsichtigung eines Geisteskranken betrauten Personen, welche denselben ohne die nötige Aufsicht frei in den Straßen und an öffentlichen Orten herumlaufen lassen.

3. Die Besitzer wilder und schädlicher Tiere, welche dieselben frei und mit der Möglichkeit, Schaden anzurichten, herumlaufen lassen.

4. Diejenigen, welche gegen die Reglements, Anordnungen und Bekanntmachungen verstoßen, welche sich auf öffentliche Fuhrwerke beziehen.

5. Diejenigen, welche Rennen zu Pferde oder von Wagen in den Straßen, auf öffentlichen Wegen oder Plätzen veranstalten unter Gefahr für Passanten oder unter Verstoß gegen die Befehle oder Anweisungen der Behörde.

6. Diejenigen, welche die Bürgersteige, die öffentlichen Straßen oder Plätze durch Handlungen oder Gegenstände irgend welcher Art versperren.

7. Diejenigen, welche auf die Straßen oder öffentlichen Plätze Wasser, Steine oder andere Gegenstände werfen oder schütten, welche Sachen, Personen oder Gegenstände beschädigen könnten, falls sich für die Tat wegen ihrer Schwere oder näheren Umstände keine größere Strafe angezeigt findet.

8. Diejenigen, welche auf den Balkons auf der Außenseite ihrer Wohnungen nach der Straße oder einem öffentlichen Wege hin Gegenstände haben, welche den vorübergehenden Schaden zufügen könnten.

Art. 600. Mit Geldstrafe von 5 bis 50 Pesetas sollen bestraft werden:

1. Die Besitzer von Gasthöfen, Wirtschaften und anderen Arten von Herbergen, welche es unterlassen, der Obrigkeit die nach den Reglements, Verfügungen oder Bekanntmachungen erforderlichen Mitteilungen und Nachrichten innerhalb der vorgeschriebenen Zeit und Form zukommen zu lassen.

2. Die Diener, Angestellten und Beamten, welche die Personalzettel der Reisenden nicht in der notwendigen Art und Weise aufbewahren oder es unterlassen, die für die Sicherheit und persönliche Garantie gegebenen Vorschriften zu erfüllen.

Art. 601. Mit Geldstrafe von 25 bis 75 Pesetas sollen diejenigen bestraft werden, welche;

1. Gegen die Vorschriften verstoßen, welche erlassen sind, um bei Dampfmaschinen, Kesseln oder Hochöfen, Öfen, Schornsteinen oder ähnlichen Anlagen die Ausbreitung des Feuers zu verhindern oder derartige Gegenstände unter Verstoß gegen die Reglements, Bestimmungen oder Verfügungen anlegen oder es unterlassen, sie zu reinigen oder in genügender Weise zu überwachen, so daß die Gefahr eines Brandes vorliegt.

2. Unter Verstoß gegen die Befehle der Obrigkeit die Ausbesserung schadhafter oder in ihrem Äußerem häßlichen Gebäude unterlassen.

3. Gegen die Sicherheitsmaßregeln verstoßen, welche sich auf die Aufbewahrung gewisser Stoffe, offenstehende Brunnen oder Ausgrabungen beziehen.

4. Gegen die Gesetze, Verfügungen und Anordnungen der Obrigkeit betreffend Verbreitung oder Aufbewahrung von brennbaren oder schädlichen Stoffen sowie chemischen Produkten verstoßen, welche großen Schaden anrichten könnten.

Dritter Titel.

Übertretungen gegen Personen.

Art. 602. Mit Arrest II sollen diejenigen bestraft werden, welche anderen Personen Verletzungen zufügen und diese somit hindern, für ein bis sieben Tage ihrer Arbeit nachzugehen oder für die gleiche Zeit ärztlichen Beistand notwendig machen.

Gleichgültig, welche sonstigen näheren Umstände zutreffen, soll die Strafe im Höchstmaße angewandt werden, wenn der Angreifer Vater, Sohn, Gatte oder Vormund des Verletzten ist.

Art. 603. Mit Arrest von 5 bis 15 Tagen und Verweis sollen bestraft werden:

1. Diejenigen, welche Verletzungen zufügen, die den Betreffenden nicht hindern, seiner gewohnten Arbeit nachzugehen noch ihn nötigen, ärztliche Hilfe in Anspruch zu nehmen.

2. Die Ehegatten, welche ihre Frauen mißhandeln, selbst wenn sie ihnen keine leichten Verletzungen zufügen, wie sie im vorigen Abschnitt besprochen werden.

3. Die Frauen, welche ihren Männern nicht gehorchen und sie mit Taten und Worten mißhandeln.

4. Die Eheleute, welche innerhalb ihrer Wohnungen und nachdem sie bereits von der Behörde vermahnt worden sind, lärmen und Skandal erregen, falls die Tat nicht bereits im zweiten Teil dieses Gesetzbuches behandelt wird.

5. Die Eltern, welche ihre Kinder verlassen oder ihnen nicht die Erziehung angedeihen lassen, die ihr Stand erfordert und ihre Mittel erlauben.

6. Die Vormünder, Pfleger oder sonstigen Personen, welche mit der Aufsicht Minderjähriger unter 15 Jahren betraut sind und den Vorschriften über den obligatorischen ersten Unterricht nicht Folge leisten oder die Beaufsichtigung über die Person jener vernachlässigen.

7. Die Kinder, welche es an dem nötigen Respekt und Ergebenheit ihrer Eltern gegenüber fehlen lassen.

8. Die Mündel, welche ihren Vormündern gegenüber sich einer gleichen Verfehlung schuldig machen.

9. Diejenigen, welche einen Minderjährigen unter 7 Jahren unter Gefahr für seine Existenz verlassen antreffen und ihn nicht der Obrigkeit oder seiner Familie zuführen.

10. Diejenigen, welche bei Aussetzung von Kindern die in der betreffenden Ortschaft geltenden Regeln und Gebräuche verletzen und es unterlassen, irgend ein Kind, welches sie verlassen angetroffen hatten, ins Asyl für ausgesetzte Kinder oder an einen sicheren Ort zu bringen.

11. Diejenigen, welche einer Person nicht helfen oder Beistand leisten, welche sie an einem einsamen Orte verwundet oder in Gefahr umzukommen antreffen, wenn sie es ohne eigene Gefahr tun konnten; falls diese Unterlassung nicht etwa an sich ein Verbrechen bedeutet.

12. Diejenigen, welche bei einem Streite, wie er im Artikel 420 dieses Gesetzbuches geschildert wird, festgestelltermaßen irgend eine Gewalttätigkeit gegen die angegriffene Person begangen haben, falls dem Betreffenden nicht etwa mehr wie leichte Verletzungen zugefügt worden waren und der Täter nicht bekannt geworden ist.

Art. 604. Mit Arrest von 1 bis 5 Tagen oder Geldstrafe von 5 bis 50 Pesetas sollen diejenigen bestraft werden, welche:

1. Einen andern schlagen oder ihn mit Taten oder Worten mißhandeln, ohne ihm eine Verletzung zuzufügen.

2. Einen andern mit Waffen bedrohen oder dieselben im Streite hervorholen, falls dies nicht in gerechter Verteidigung geschieht und ihre Stellung nicht in anderen Bestimmungen dieses Gesetzbuches bereits besprochen ist.

3. Einen andern mit Worten und in der Hitze des Zornes damit bedrohen, ihm einen Schaden zufügen zu wollen, der ein Verbrechen bedeuten würde und durch ihre späteren Handlungen beweisen, daß sie an der Idee, welche sie mit ihrer Drohung kennzeichneten, festgehalten haben; falls den Umständen nach die Tat nicht unter den zweiten Teil dieses Gesetzbuches fällt.

4. Mit Worten einem andern drohen ihm ein Übel, welches kein Verbrechen darstellt, zufügen zu wollen.

5. Einem andern eine nicht im zweiten Teil dieses Gesetzbuches bereits bestrafte Erpressung oder Mißhandlung zufügen.

Art. 605. Mit einer Geldstrafe von 5 bis 25 Pesetas und Verweis sollen diejenigen bestraft werden, welche:

1. Einen andern mit Wort oder Tat in leichter Form beleidigen, falls der Beleidigte den entsprechenden Antrag stellt; Verzeihung soll auch in diesem Falle die Strafe auslöschen.

2. Von andern aufgefordert, um ein größeres Übel zu verhüten, es unterlassen, die erbetene Hilfe zu leisten; immer unter der Bedingung, daß ihnen selbst kein Nachteil hätte entstehen können.

3. Aus reiner Torheit oder Nachlässigkeit, ohne einen Verstoß gegen die Reglements zu begehen, ein Übel verursachen, welches, falls böswillige Absicht vorliegen würde, ein Verbrechen oder eine Übertretung bedeuten würde.

Vierter Titel.

Übertretungen gegen das Eigentum.

Art. 606. Mit Arrest II — falls die Tat nicht bereits im zweiten Teile dieses Gesetzbuches behandelt wird — sollen diejenigen bestraft werden, welche:

1. Durch irgend eins der im Artikel 530 besprochenen Mittel einen Diebstahl im Werte von unter 10 Pesetas begehen oder unter 20 Pesetas, falls es sich um Nahrungsmittel, Früchte oder Holz handelte, und die Täter nicht zum zweiten oder mehrfachen Male rückfällig sind.

2. Für ein Entgeld oder in gewinnsüchtiger Absicht Träume auslegen, die Zukunft weissagen oder vorher bestimmen, oder die allgemeine Leichtgläubigkeit in irgend einer ähnlichen Weise mißbrauchen.

Art. 607. Mit Arrest II von 1 bis 15 Tagen sollen diejenigen bestraft werden, welche:

1. In fremdes Besitztum oder Feld eindringen, um Früchte abzupflücken und sie sogleich zu verzehren.

2. In gleicher Weise Früchte, Stroh oder andere Waldprodukte einsammeln oder abpflücken, um dieselben sofort ihren Pferden oder Vieh vorzuwerfen.

3. Ohne Erlaubnis des Besitzers in fremdes Eigentum oder Feld eindringen, um bevor die Ernte gänzlich eingebracht ist, sich die Nachlese oder andere Überbleibsel der Ernte anzueignen.

4. In fremdes geschlossenes Besitztum oder Gehege eindringen, falls das Verbot einzutreten, klar und deutlich ersichtlich war.

Art. 608. Mit Geldstrafe von 5 bis 25 Pesetas sollen diejenigen bestraft werden, welche:

1. In fremden geschlossenen Besitz oder bestelltes Feld ohne Erlaubnis des Besitzers eindringen, um zu jagen oder zu fischen.

2. Aus irgend einem Grunde oder Vorwande durch fremde Pflanzungen, Sämereien, Weinberge oder Olivenhaine gehen,

3. Um in öffentlichem oder zu allgemeinem Nutzen bestimmten Besitz zu jagen oder zu fischen, sich irgendwelcher Mittel bedienen, welche durch die Verfügungen verboten sind.

Art. 609. Mit Geldstrafe von 3 Pesetas soll die bloße Tatsache, in umfriedetes oder eingehegtes Eigentum ohne Erlaubnis des Besitzers eingedrungen zu sein, bestraft werden.

Art. 610. Mit Geldstrafe von 25 bis 75 Pesetas sollen diejenigen bestraft werden, welche:

1. Beim Führen oder Transport von Wagen, Pferden oder schädlichen Tieren irgend eine der Übertretungen begehen, welche in den beiden vorher gehenden Artikeln besprochen worden sind, falls sie in Ansehung des verursachten Schadens keine höhere Strafe verdienen.

2. Ohne irgend welchen Grund oder unter einem Vorwande durch fremde Pflanzungen, gesäte Felder, Weinberge oder Olivenpflanzungen gehen.

3. Schaden verursachen, indem sie von außen Steine, irgendwelche Gegenstände oder Wurfgeschosse werfen.

Art. 611. Der Eigentümer von Viehherden, welche fremdes Eigentum betreten und einen Schaden verursachen, welcher 5 Pesetas übersteigt, soll mit einer Geldstrafe bestraft werden, welche pro Kopf seiner Herde beträgt:

1. Von 0,75 Pesetas bis 2 Pesetas 50 centimos, wenn es Rindvieh war.

2 Von 0,50 Pesetas bis 1 Pesetas 50 centimos, wenn es Pferde, Maultiere oder Esel waren.

3. Von 0,25 Pesetas bis 0,75 Pesetas, wenn es Ziegen waren und das Besitztum von Bäumen bewachsen war.

4. Den gleichen Betrag des Schadens bis ein Drittel mehr, falls es sich um Schafe handelte oder um eine andere Art von Tieren,

welche in den vorhergehenden Nummern nicht erwähnt worden sind. Die gleiche Vorschrift soll gelten, wenn es sich um Ziegen handelte und das Besitztum keinen Baumwuchs hatte.

Art. 612. Mit Geldstrafe von $^1/_2$ real pro Kopf sollen die Eigentümer von Vieh, wie es in den Nummern 1, 2 und 3 des vorhergehenden Artikels erwähnt wird, bestraft werden, welche ohne Erlaubnis des Besitzers in fremdes Eigentum eindringen, ohne Schaden zu verursachen oder doch nur unter 5 Pesetas.

War das Besitztum umfriedet oder hatte es Weinpflanzungen, Olivenpflanzungen, Sämereien oder Anpflanzungen, oder liegt Rückfall vor, so soll die im vorigen Artikel angezeigte Strafe je nach dem entsprechenden vorliegenden Falle zur Anwendung kommen.

Art. 613. Ist das Vieh absichtlich hineingelassen worden oder nur mangels Aufsicht oder Nachlässigkeit der Besitzer oder Hirten hineingekommen, so sollen die Besitzer oder Hirten außer den in den vorigen Artikeln bezeichneten Geldstrafen in den entsprechenden Fällen mit 1 bis 30 Tagen Arrest bestraft werden, falls ihnen nicht als schuldig des Diebstahls oder der absichtlich oder fahrlässig zugefügten Beschädigung eine höhere Strafe zukommt.

Bei dreimaligem Rückfall innerhalb von 30 Tagen sollen sie in Übereinstimmung mit dem zweiten Teile dieses Gesetzbuches als schuldig des Diebstahls oder der Sachbeschädigung abgeurteilt und bestraft werden.

Art. 614. Mit Arrest II oder Geldstrafe von 5 bis 125 Pesetas sollen diejenigen bestraft werden, welche einen Brand verursachen, dessen Bestrafung nicht bereits im zweiten Teile dieses Gesetzbuches vorgesehen ist.

Art. 615. Mit Geldstrafe von 5 bis 25 Pesetas sollen diejenigen bestraft werden, welche:

1. Gegen die Verordnungen und Verfügungen der Regierung über Verbrennen von Reisig und andern Wald- oder Gartenprodukten verstoßen.

2. Gegen die Jagd- und Fischerei-Gesetze verstoßen.

Art. 616. Mit Arrest von 1 bis 5 Tagen oder Geldstrafe von 5 bis 25 Pesetas sollen diejenigen bestraft werden, welche einen in diesem Gesetzbuche besprochenen Schaden verursachen, dessen Wert 50 Pesetas nicht übersteigt.

Art. 617. Mit Geldstrafe im doppelten bis vierfachen Werte des verursachten Schadens sollen diejenigen bestraft werden, welche in fremdem Besitztum Bäume abschneiden und hierbei einen Schaden verursachen, der 60 Pesetas nicht übersteigt.

Arrest von 5 bis 15 Tagen soll eintreten, wenn derjenige, welcher den in diesem Artikel besprochenen Schaden verursacht hat, die Früchte oder sonstigen Objekte des verursachten Schadens beiseite bringt oder sich zunutze macht und der Wert des Schadens 10 Pesetas nicht übersteigt, oder 20 Pesetas, wenn es sich um nährende Sämereien, Früchte oder Holz handelt.

Art. 618. Mit Geldstrafe im doppelten bis vierfachen Betrage des verursachten Schadens, falls dieser 50 Pesetas nicht übersteigt, sollen diejenigen bestraft werden, welche andern gehörende Gewässer benutzen oder dieselben von ihrem Laufe ablenken.

Art. 619. Diejenigen, welche ohne böswillige Absicht und nur aus Nachlässigkeit oder Unachtsamkeit irgend einen Schaden verursachen, welcher nicht in diesem noch einem früheren Teile dieses Gesetzbuches geahndet wird, sollen mit einer Geldstrafe im halben bis doppelten Werte des verursachten Schadens bestraft werden, falls dieser abgeschätzt werden kann; im andern Falle mit Geldstrafe von 5 bis 75 Pesetas.

Fünfter Titel.

Allgemeine Bestimmungen zu den Übertretungen.

Art. 620. Bei den Strafenbestimmungen in diesem Teile des Gesetzbuches sollen die Gerichte nach freiem Ermessen innerhalb der Skala einer jeden und unter Berücksichtigung der näheren Umstände eines jeden Falles verfahren.

Art. 621. Die Gehilfen bei einer Übertretung soll dieselbe Strafe — jedoch im Mindestmaße — treffen, wie die Urheber.

Art. 622. Der Konfiskation sollen stets verfallen:

1. Die Waffen, welche der Angreifer mit sich führt, um einen Schaden anzurichten oder nur ein Unrecht zu begehen, falls er dieselben vorgezeigt hat.

2. Die verfälschten, verschlechterten oder übergegangenen Getränke und Eßwaren, falls diese schädlich sind.

3. Die verfälschten, verschlechterten oder beschädigten Münzen oder Effekten, welche als echte oder vollwertige ausgegeben worden sind.

4. Die Eßwaren, bei deren Menge oder Beschaffenheit das Publikum betrogen worden ist.

5. Die falschen Maße oder Gewichte.

6. Die Utensilien, welche für Spiele und Verlosungen dienen.

7. Die Gegenstände, welche für Wahrsagungen und sonstige ähnliche Betrügereien benutzt worden sind.

Art. 623. Die Einziehung der Instrumente und Objekte der Übertretungen, von denen im vorigen Artikel die Rede ist, soll von den Gerichten nach freiem Ermessen je nach dem besonderen Fall und den näheren Umständen angeordnet werden.

Art. 624. Wer mit Geldstrafe bestraft und zahlungsunfähig ist, soll mit 1 Tag Arrest für je 5 Pesetas der ihm auferlegten Verantwortlichkeit bestraft werden.

Erreicht die Höhe der Verantwortlichkeit 5 Pesetas nicht, so sollen die Betreffenden trotzdem mit einem Tage Arrest bestraft werden.

Bezüglich der anderen geldwerten Verantwortlichkeiten zugunsten eines Dritten sollen die Betreffenden ebenfalls mit einem Tage Arrest für jede 5 Pesetas bestraft werden.

Art. 625. In den Munizipalverordnungen und den übrigen allgemeinen oder besonderen Verwaltungsvorschriften, welche in Zukunft von den Behörden veröffentlicht werden, sowie in den Verfügungen der Polizei oder Sicherheitsbehörde sollen keine höheren Strafen festgesetzt werden können, als wie sie sich in diesem Teile des Gesetzbuches angezeigt finden; auch wenn sie in Ansehung von Verwaltungsbefugnissen auferlegt werden mußten, falls nicht durch Spezialgesetze etwas anderes bestimmt wird.

In Übereinstimmung mit dieser Auffassung schließen die Verfügungen dieses Gesetzbuches nicht die Befugnisse aus, welche durch Munizipalgesetze oder irgendwie andere Spezialgesetze den Verwaltungsbeamten dahingehend zustehen, Verfügungen für die Sicherheit oder polizeiliche Ordnung zu geben und im Verwaltungswege Übertretungen in den Fällen zu bestrafen, in denen die Bestrafung durch die Gesetze selbst anempfohlen wird; noch dürfen die Verwaltungsbeamten in dieser Tätigkeit irgendwie beschränkt werden.

Schlußbestimmung.

Art. 626. Alle allgemeinen Strafgesetze, welche vor der Veröffentlichung dieses Gesetzbuches erlassen worden sind, werden hiermit außer Kraft gesetzt; ausgenommen die Gesetze, welche sich auf Verbrechen beziehen, welche den Bestimmungen dieses Gesetzbuches in Übereinstimmung mit den Vorschriften in Artikel 7 nicht unterworfen sind.

Madrid, 17. Juni 1870.

Die Sammlung außerdeutscher Strafgesetzbücher enthält bisher die folgenden Übersetzungen als Beilagen zu der **„Zeitschrift für die gesamte Strafrechtswissenschaft"** oder zu den **„Mitteilungen der Internationalen Kriminalistischen Vereinigung"**:

I. **Niederländisches** Str.G.B. v. 3. März 1881; **Französisches** Prefsgesetz v. 29. Juli 1881; **Österreichisches** Wuchergesetz v. 28. Mai 1881 (Zeitschrift Bd. 1).

II. **Dänisches** Militär-Str.G.B. v. 7. Mai 1881; **Schwedisches** Militär-Str.G.B. v. 7. Oktober 1881 nebst Einführungsgesetz u. Disziplinar-O. f. d. Kriegsmacht (Zeitschrift Bd. 2.)

III. **Italienisches** Ges. betr. die polit. Wahlen v. 22. Januar 1882 Art. 86—97 (Strafbestimmungen); **Ungarisches** Wuchergesetz v. 27. April 1883; **Niederländisches** Ges. z. Bekämpfung d. Trunksucht v. 28. Juni 1881 (Zeitschrift Bd. 3).

IV. **New Yorker** Str.G.B. v. 26. Juli 1881 (Zeitschrift Bd. 4.)

V. **Norwegische** Str.Proz.O. v. 1. Juli 1887 (Zeitschrift Bd. 9.)

VI. **Italienisches** Str.G.B. u. Ges. betr. öffentliche Sicherheit vom 30. Juni 1889 (Zeitschrift Bd. 10).

VII. **Finnländisches** Str.G.B. v. 19. Dezember 1889 u. Verordn. üb. d. Strafvollstreckung (Zeitschrift Bd. 11).

VIII. **Mexikanisches** Str.G.B v. 7. Dezember 1871 (Zeitschrift Bd. 14).

IX. **Norwegisches** Ges. betreffend d. Behandlung verwahrl. Kinder v. 6. Juni 1896 (Zeitschrift Bd. 17).

X. Vorentwurf z. **Schweizerischen** Str.G.B. (Mitt. Bd. VI).

XI. Entwurf z. **Norwegischen** Str.G.B. (Mitt. Bd. VII).

XII. **Bulgarisches** Str.G.B. v. 2. Februar 1896 (Zeitschrift Bd. 18).

XIII. **Ungarische** Str.Proz.O. v. 4. Dezember 1896 (Zeitschr. Bd. 19).

XIV. Vorentwurf z. **Japanischen** Str.G.B. (Zeitschrift Bd. 20).

XV. **Chilenisches** Str.G.B. v. 1. März 1875 nebst Ergänzungs-Ges. (Zeitschrift Bd. 20).

XVI. **Dänisches** Str.G.B. v. 10. Februar 1866. **Dänisches** Ges. betr. Gewalt gegen schuldlose Personen vom 11. Mai 1897 (Zeitschrift Bd. 21).

XVII. **Bulgarische** Str.Proz.O. v. 3. April 1897 (Zeitschrift Bd. 22).

XVIII. **Norwegisches** Militär-Str.G.B. und Militär-Str.Proz.O. und **Norwegische** Str.Proz.O., Änderungs-Ges. v. 1902 (Mitt. Bd. XI).

XIX. **Portugiesisches** Str.G.B. v. 16. September 1886 (Zeitschr. Bd. 24).

XX. **Norwegisches** Str.G.B. v. 22. Mai 1902 und **Norwegisches** Ges. gegen Arbeitsscheu u. Trunksucht v. 1900 (Mitt. Bd. XII).

XXI. **Ottomanische** Str.Proz.O. v. 25. Juni 1879 (Mitt. Bd. XII).

XXII. **Dänisches** Gesetz v. 1. April 1905 (sogen. **Prügelgesetz**) nebst Ausführungsbestimmungen (Mitt. Bd. XIII).

XXIII. **Japanisches** Str.G.B. vom 23. April 1907. (Zeitschr. Bd. 28.)

XXIV. **Russisches** Str.G.B. vom 22. März 1903 (Zeitschr. Bd. 28).

XXV. **Österreichischer** Gesetzentwurf betr. die strafrechtl. Behandlung u. d. strafrechtl. Schutz Jugendlicher, 1907 (Mitt. Bd. XV).

XXVI. **Spanisches** Str.G.B. vom 17. Juni 1870.

Druck von Leonhard Simion Nf. in Berlin SW. 48.

No. 14. **Vorentwurf zu einem Strafgesetzbuch für das kaiserlich japanische Reich.** Übersetzt von Assataro Okado, Assistent der jur. Fakultät der Universität Tokyo. 1 M. 50 Pf.

No. 15. **Strafgesetzbuch der Republik Chile.** Amtliche Ausgabe. Übersetzt v. Alfredo Hartwig, Rechtskandidaten in Jena. 3 M.

No. 16. **Allgemeines Bürgerliches Strafgesetzbuch für das Königreich Dänemark** vom 10. Februar 1866 sowie Gesetz, betreffend die Behandlung einiger im allgemeinen Bürgerlichen Strafgesetzbuch behandelter Verbrechen und Gesetz über Gewalt gegen schuldlose Personen vom 11. Mai 1897. Übersetzt von Dr. jur. Hans Bittl, Rechtspraktikant. 1 M. 60 Pf.

No. 17. **Die Bulgarische Strafprozeſsordnung** vom 3. April 1897. Übersetzt von Dr. A. Teichmann, ord. Professor an der Universität Basel. 2 M. 25 Pf.

No. 18. **Die Norwegische Strafgesetzgebung** vom 22. Mai 1902. 1. Militärstrafgesetz. 2. Gerichtliches Verfahren in Militärstrafsachen. 3. Änderungen im Gesetz über das gerichtliche Verfahren in Strafsachen vom 1. Juli 1887 (samt den seitherigen Änderungen). Übersetzt von Professor Dr. A. Teichmann. 2 M. 50 Pf.

No. 19. **Das Portug. Strafgesetzbuch.** Übers. von F. Zander. 3 M.

No. 20. **Allgemeines bürgerl. Strafgesetz für das Königreich Norwegen** vom 22. Mai 1902. Übersetzt von Dr. Ernst Heinrich Rosenfeld, o. ö. Professor in Münster i. W. und Andreas Urbye, Staatsanwalt in Tromsö, tit. Professor in Kristiania. 2 M. 50 Pf.

No. 21. **Die Ottomanische Strafprozeſsordnung,** veröffentlicht auf Irade vom 5 Redscheb 1296 (25. Juni 1879). Übersetzt von W. Padel, zweitem Dragoman der Kaiserlich Deutschen Botschaft in Constantinopel. 2 M. 50 Pf.

No. 22. **Dänemark.** I. Interimistisches Gesetz vom 1. April 1905 betr. Abänderungen der Strafgesetze (Prügelgesetz). II. Verordnung betr. Körperstrafe und Vollziehung. III. Bekanntmachung vom 6. Sept. 1905 betr. die Durchführung der im interimistischen Gesetze vom 1. April enthaltenen Bestimmung, daſs Gefängnisstrafe bei gewöhnlicher Kost mit Arbeitszwang verbunden ist. 60 Pf.

No. 23. **Strafgesetzbuch für das Kaiserlich japanische Reich** vom 23. April 1907. Übersetzt von Dr. jur. Shigema Oba, Kaiserlich japanischer Staatsanwalt. 1 M. 50 Pf.

No. 24. **Das neue russische Strafgesetzbuch** (Ugolovnoje Uloženje.) Allerhöchst bestätigt am 22. März 1903. Aus dem Russischen übersetzt von Dr. O. S. Bernstein. 4 M.

No. 25. **Österreichischer Gesetzentwurf,** betr. die strafrechtliche Behandl. u. d. strafrechtl. Schutz Jugendlicher. 1907. 2 M. 50 Pf.

No. 26. **Spanisches Strafgesetzbuch.** Vom 17. Juni 1870. Übersetzt von Alfredo Hartwig. 3 M.

Druck von Leonhard Simion Nf. in Berlin SW.

FSC
www.fsc.org
MIX
Papier | Fördert gute Waldnutzung
FSC® C083411

Kolibri 360 GmbH
Ferdinand-Jühlke-Straße 7
99095 Erfurt, Deutschland
produktsicherheit@kolibri360.de